COLLECTION

A. BEURDELEY

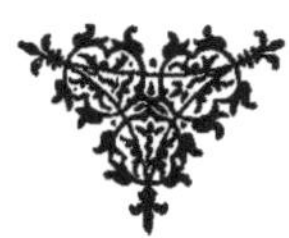

6ᵉ Vente

Dessins Anciens

Collection A. BEURDELEY

(SIXIÈME VENTE)

DESSINS ANCIENS

DU

MOYEN-AGE ET DE LA RENAISSANCE

(xvᵉ et xviᵉ siècles)

Dessins, Pastels, Aquarelles

DES XVIIᵉ ET XVIIIᵉ SIÈCLES

CONDITIONS DE LA VENTE

Elle aura lieu au comptant.

L'acquéreur paiera *10 pour cent* en sus des enchères.

Aucune réclamation ne sera admise une fois l'adjudication prononcée.

ORDRE DES VACATIONS

Le Mardi 8 Juin 1920

<table>
<tr><td></td><td>Numéros</td></tr>
<tr><td>Dessins anciens des xve et xvie siècles. . . . . .</td><td>1 à 54</td></tr>
<tr><td>Dessins des xviie et xviiie siècles (Partie des). . . .</td><td>55 à 121</td></tr>
</table>

Le Mercredi 9 Juin 1920

Dessins des xviie et xviiie siècles *(Suite des)*. . . . 122 à 238

Le Jeudi 10 Juin 1920

Dessins des xviie et xviiie siècles *(Fin des)*. . . . . 239 à 359

Paris. — Imp. Georges Petit. — 423-20.

CATALOGUE

DES

DESSINS ANCIENS

Du Moyen-Age et de la Renaissance

(XVe ET XVIe SIÈCLES)

ŒUVRES DE

J. AMMAN, B. BEHAM, P. BRUEGHEL, H. BURGKMAIR
L. CAMBIASO, J. COUSIN, A. DURER, H. GOLTZIUS, U. GRAF, LAGNEAU
E. DE LAUNE, F. MAZZUOLA, M. OSTENDORFER
J. PALMA, LE PRIMATICE, B. RAMENGHI, D. ROBUSTI, J. ROMAIN
T. STIMMER, P. VÉRONÈSE, L. DE VINCI, ETC., ETC.

Dessins, Pastels, Aquarelles

DES XVIIe ET XVIIIe SIÈCLES

PAR

N. BERCHEM, BRAUWER, A. GUYP, DUMONSTIER, C. DUSART, A. VAN DYCK
J.-H. FRAGONARD, CL. GELLÉE, VAN GOYEN, J. JORDAENS
J. LIEVENS, G. METZU, I. MOUCHERON, R. NANTEUIL, A. VAN OSTADE, A. PAJOU
J.-B. PERRONNEAU, P. POTTER, N. POUSSIN, REMBRANDT
P.-P. RUBENS, J. RUYSDAEL, G.-B. TIEPOLO, A. ET W. VAN DE VELDE
C. VISSCHER, A. WATTEAU, ETC., ETC.

Composant la Collection de M. A. BEURDELEY

ET DONT LA VENTE AUX ENCHÈRES PUBLIQUES, APRÈS DÉCÈS, AURA LIEU

GALERIE GEORGES PETIT, 8, rue de Sèze

Les Mardi 8, Mercredi 9 et Jeudi 10 Juin 1920, à deux heures

COMMISSAIRES-PRISEURS

Me F. LAIR-DUBREUIL | **Me HENRI BAUDOIN**
6, rue Favart, 6 | 10, rue Grange-Batelière, 10

EXPERTS

M. JULES FÉRAL | **M. MARIUS PAULME**
7, rue Saint-Georges, 7 | 10, rue Chauchat, 10

EXPOSITIONS

PARTICULIÈRE : *Le Dimanche 6 Juin 1920, de deux heures à six heures.*
PUBLIQUE : *Le Lundi 7 Juin 1920, de deux heures à six heures.*

PRÉFACE

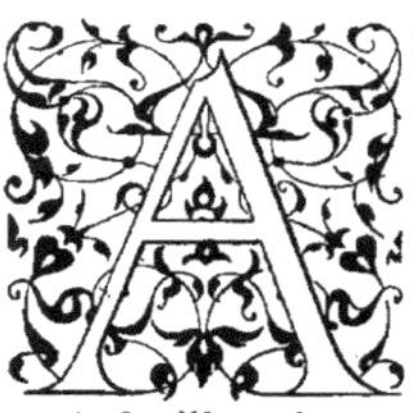 MATEUR doublé d'un artiste; curieux, dans l'acception la plus large du mot, s'intéressant à la pièce documentaire comme au morceau de choix; bref, cherchant dans la collection un enseignement en même temps qu'un plaisir, M. Alfred Beurdeley avait naturellement pour le dessin une prédilection particulière.

A fouiller chaque jour, dès son enfance, dans les cartons des marchands, il avait fait, disait-il, son éducation d'amateur et si, peu à peu, ses goûts l'entraînèrent davantage vers l'art moderne, il ne délaissa pas pour cela les maîtres anciens par lesquels il avait commencé, ni ne cessa d'ajouter à sa collection en ce genre. Bien plus, quand, en 1905, il décida de se défaire de ses feuilles du xviii⁰ siècle, la réunion en était tellement nombreuse que tout. ne put prendre place dans la vente, pourtant si chargée, qui fut faite alors; des pièces intéressantes durent être réservées; le collectionneur incorrigible ne manqua pas de leur adjoindre de nouvelles acquisitions par la suite; et c'est ainsi que nos maîtres français de l'avant-dernier siècle, que l'on aurait les meilleures raisons de croire absents du cabinet de M. Beurdeley, se trouvent au contraire représentés, eux aussi, et fort convenablement, dans le véritable et très complet Musée de dessins anciens, qui va être maintenant livré aux enchères.

* * *

Un Musée. C'est bien le mot qui s'impose, en effet, pour chacune des collections formées par M. Alfred Beurdeley ; celle-ci, entre autres, tant pour l'abondance de ses numéros, — plusieurs centaines, — que pour l'esprit, si particulier et très personnel, qui a présidé à leur réunion. Comme dans les grands fonds publics, les maîtres anciens sont représentés dans ce cabinet d'amateur, non seulement par un choix d'œuvres marquantes, de morceaux rares et précieux, mais encore par quantité de feuilles, — d'inégale importance sans doute, mais toutes dignes d'intérêt, — offrant, pour chaque École, des listes très complètes de noms d'artistes, des plus célèbres aux moins connus.

Aussi, dans la galerie de son hôtel, où il se tenait d'ordinaire et dont les murs étaient tapissés de cadres enfermant les meilleures pièces de ce Musée, M. Alfred Beurdeley pouvait-il vraiment embrasser d'un coup d'œil toute l'histoire du dessin dans les Écoles anciennes, depuis les primitifs jusqu'à la fin du xviiie siècle.

Faisons de même et, en feuilletant le catalogue de la présente vente, passons une dernière et rapide revue de cette collection, si instructive et si attachante, avant qu'elle ne soit dispersée et que de nouveaux possesseurs, émules des grands curieux du passé, n'aient imprimé à leur tour, en quelque coin de ces feuilles jaunies, un minuscule cachet de plus, auprès des marques illustres dont peuvent, à bon droit, s'enorgueillir la plupart de ces dessins.

* * *

Parmi les Italiens, nous trouvons tout d'abord quelques morceaux de choix : une feuille d'études, de quatre figures d'hommes nus, à la plume sur parchemin, attribuée à Vittore Pisano et rappelant, en effet, les pages du recueil Vallardi au

Louvre; un fin profil d'enfant, un de ces dessins, rehaussés de blanc sur papier jaunâtre, dans la manière accoutumée de Lorenzo di Credi; une nerveuse indication de main, à la plume, par Léonard de Vinci; une tête d'homme, de caractère bien michelangesque; une figure décorative de satyre, par Jules Romain, avec la « monture » de Mariette; une *Annonciation* du Parmesan; un paysage de Titien; un festin du Véronèse; enfin, dans les feuilles représentant ici les époques dites, si improprement, de décadence : le portrait, aux crayons de couleurs, d'un jeune prince de la famille Aldobrandini, par O. Leoni; une de ces recherches à la plume du Guerchin, qui ont tout l'accent d'une eau-forte; des têtes d'expression de Piazzetta; des architectures de Guardi.

*
* *

Passons aux Écoles du Nord. Rarement il aura été donné de voir se succéder à Paris, en une même séance, sous le marteau du commissaire-priseur, un pareil ensemble de dessins allemands de la Renaissance. Les deux Albert Dürer, perles de la collection : le *Jeune Apôtre,* daté de 1522, et la *Madeleine,* de 1523, provenant l'un et l'autre du cabinet de Sir Thomas Lawrence et de la vente Defer-Dumesnil, ont été trop de fois étudiés et reproduits, sont trop connus des amateurs comme des historiens de l'art, pour qu'il soit nécessaire d'insister davantage à leur sujet, mais leur célébrité ne doit pas faire négliger certains des numéros particulièrement intéressants qui les accompagnent ici : le *Portrait d'un homme âgé,* aux crayons de couleurs, par Ostendorfer, et la *Jeune Femme,* en riche costume, à la plume, par Ursus Graf, deux feuilles qui, chacune en son genre, rappellent les Holbein du musée de Bâle; *le Christ au Jardin des Oliviers,* dessin rehaussé, attribué à Albrecht Altdorfer; le *Portrait de Ferdinand Ier d'Autriche,* vrai travail de graveur, par B. Beham; la *Vierge à l'Enfant,* inscrite dans un encadrement quadrilobé, probablement un modèle de vitrail, par Hans Burgkmair; enfin, la précieuse miniature de l'école de Souabe du xve siècle, *la Pièce de* *maîtrise,* encore comprise dans la pure tradition gothique et se plaçant, comme date, avant les précédents.

D'un style, au contraire, très proche des maîtres allemands du xvie siècle, *le Triomphe de Neptune,* à la plume et au lavis, avec des rehauts de blanc, par H. Goltzius, offre tout à fait l'aspect de ces « camaïeux » ou gravures sur bois à deux tons, qui furent les estampes en couleurs de la Renaissance.

A cet excellent spécimen de la manière, savante à l'excès, des « italianisants » des Pays-Bas, s'oppose la sève nationale, la saveur de terroir de l'importante composition de P. Brueghel le Vieux : *l'Envie,* bien connue par la gravure et toute pleine d'inventions, plus réjouissantes les unes que les autres, continuant la tradition de J. Bosch.

Naturalistes et académiques ont préparé, comme on sait, l'épanouissement de la glorieuse École d'Anvers du xviie siècle, dont l'ampleur décorative et la belle couleur s'affirment dans ces magistrales aquarelles, qui portent les noms de Rubens *(le Concile)* et de Jordaens *(le Mariage de la Vierge).* Auprès de ceux-ci, voici encore Van Dyck, avec l'un des portraits de sa fameuse *Iconographie,* et Philippe de Champaigne, montrant les deux faces de sa personnalité : ici, flamand, dans cette étude pour un portrait de Marie de Médicis ; là, français, dans cette feuille toute empreinte de l'esprit, plus grave, de nos peintres d'histoire de l'époque Louis XIII.

*   *

L'École hollandaise est peut-être la plus complètement représentée dans la collection Beurdeley. Grands et petits maîtres sont présents à l'appel ; tous, autant vaut dire.

Auprès d'une page importante de Rembrandt, *la Reine de Saba,* nous rencontrons en particulier, parmi des travaux de ses élèves et de ses imitateurs : une *Adoration des Mages,* de Van Eeckhout ; un paysage et une feuille de personnages de Lievens. La joyeuse compagnie des peintres de tabagies et de scènes rustiques ne saurait manquer : voici Brauwer, avec ses buveurs accoutumés ; Adrien van Ostade, avec de superbes aquarelles, dont un *Intérieur de cabaret,* qui sera certainement un des clous de la vente ; Cornelis Dusart, avec, entre autres ouvrages, une feuille du même genre, guère moins importante et tout à fait exceptionnelle pour ce maître. Notons encore : de curieuses têtes d'étude, rappelant les modèles habituels de Frans Hals ; le spirituel *Fumeur riant,* de G. Terburg ; le buste de vieille femme, précieusement traité par C. de Visscher ; puis, du côté des paysagistes : des bords de rivière, par Van Goyen et, du même, une *Parade foraine,* sujet plus inattendu chez cet artiste et que nous retrouvons traité ici, une seconde fois, par Verschuring ; un bouquet d'arbres, finement détaillé, par Jacob Ruysdaël ; un chemin creux de Wynants, un gué de Karel Du Jardin, un paysage d'Italie de Moucheron ; des cavaliers de Wouwerman, des bergeries de Berchem, des vaches de Paul Potter et d'Albert Cuyp ; enfin des paysages de A. van de Velde et de G. de Heusch ; des marines de Zeeman et de W. van de Velde.

*   *   *

Il nous reste à dire un mot des Français. Une enluminure anonyme provenant d'un incunable et qui — particularité valant d'être relevée, — fut gravée par Meryon : *la Présentation du « Valère Maxime » au roi Louis XI,* atteste la science naïve et l'élégante simplicité de nos primitifs du xv⁰ siècle. Un croquis d'Étienne Delaulne rappelle l'École de Fontainebleau. Des portraits de la suite des Clouet ; un beau portrait d'homme par Lagneau ; un portrait de femme par Dumonstier ; des portraits de jeunes princesses dans la manière de Beaubrun, nous mènent du xvi⁰ au xvii⁰ siècle.

Le grand nom de Poussin se lit sur cette composition : *le Baptême du Christ,* d'une si noble ordonnance, et sur un paysage, dans le goût classique, annonçant déjà tout l'art du Lorrain. Parmi les ouvrages d'artistes contemporains de ces deux maîtres, voici encore : un pastel par C. Nanteuil, des gueux de Callot, des résidences royales d'Israël Silvestre, animées de fins personnages en costumes Louis XIII.

Terminons par le xviii⁰ siècle. Auprès de son maître Gillot, représenté par une *Scène de la Comédie italienne,* Watteau figure ici avec une *Conversation galante,* un arrangement de médaillon pour un panneau d'arabesques. Une charmante sanguine de Fragonard, — une étude de jeune femme, — vaut d'être citée. Du côté des illustrateurs, la manière solennelle de Bernard Picart, dans ce pompeux frontispice; le faire précis de Gravelot, dans ces vignettes de médailles pour le livre des *Chevaliers du Saint-Esprit*, contrastent de façon piquante avec la verve primesautière, le crayonnage plus libre de Gabriel de Saint-Aubin. D'autres noms seraient à rappeler; mais il faut nous limiter.

Citons tout au moins : le pastel de Perronneau; la *Du Barry en Hébé*, par Pajou; la jeune femme de Hoin, dans le genre des têtes du musée de Dijon; enfin, la délicieuse fillette de Lépicié.

Représentant l'École anglaise de la même époque, une suite de quatre aquarelles par Hamilton, — quatre figures de jeunes femmes dans des médaillons, personnifiant : *la Musique, la Tragédie, la Danse* et *la Peinture,* — rappellent les sujets d'Angelica Kauffman, popularisés par la gravure.

*   *

Avec une scène de camp de Swebach-Desfontaines et un épisode de la Révolution de Dupléssis-Bertaux, nous arrivons à la fin du xviiie siècle et au terme de notre tournée à travers cette magnifique collection de dessins anciens, qui se continuait encore, dans l'hôtel de la rue de Clichy, par une collection de dessins modernes, non moins intéressante et précieuse, mais dont il ne nous appartient pas de faire valoir l'intérêt exceptionnel.

A quoi bon, d'ailleurs, le rappeler ici? La présente vente ne suffit-elle pas, par la richesse comme par l'esprit de sa composition, pour témoigner, à elle seule, de la passion, du savoir et du goût de l'amateur hors de pair que fut M. Alfred Beurdeley?

Marcel NICOLLE.

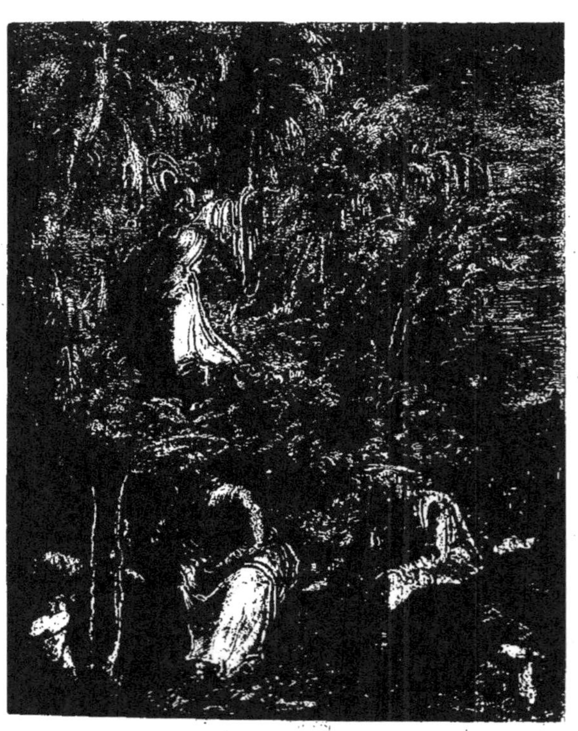

DESSINS ANCIENS
DES XVe ET XVIe SIÈCLES

ALTDORFER
(Attribué à ALBRECHT)
vers 1480 ✝ Ratisbonne, 1538.

1 — *Le Christ au Jardin des Oliviers.*

Il est à genoux, en prière, sur un tertre planté d'arbres. En bas, deux apôtres endormis.

A gauche, en haut : *Michael Reisenstein von Berlin.*

Plume et rehauts de gouache sur papier rose.

Haut., 15 cent.; larg., 12 cent.

Cadre de la Renaissance allemande.

ALTDORFER
(Attribué à ALBRECHT)

2 — *Le Christ et la Samaritaine.*

Un ruisseau les sépare. Au fond, une éminence couverte de végétation et surmontée d'un château.

En bas, à gauche, l'indication : *Hans Schaufele von Nerbrugen.*

Plume et rehauts de gouache sur papier gris.

Haut., 20 cent.; larg., 14 cent.

Cadre d'ébène avec ornementation de bronze doré.

AMMAN
(JOST)

Zurich, 1539 † Nuremberg, 1591.

3 — *Un Homme d'armes chevauchant.*

Coiffé d'un casque empanaché de plumes, il tient les rênes de la main gauche et sa hache d'armes de l'autre main.

Plume.

Haut., 13 cent.; larg., 12 cent.

Cadre en ébène avec applications d'écaille.

BANDINELLI
(BARTOLOMMEO DI MICHEL AGNOLO, dit BACCIO)

Florence, 1493 † Florence, 1560.

4 — *Feuille d'études.*

Projets de statues, figures nues d'enfants et d'hommes, études de pages et de cavaliers.

Au verso, d'autres études similaires.

A gauche, en bas, la mention ancienne : *Baccio Bandinelli.*

Plume.

Haut. 30 cent.; larg., 42 cent.

Collection H. Destailleur, vente à Paris les 19-23 mai 1896, n° 788 du catalogue (4).

36

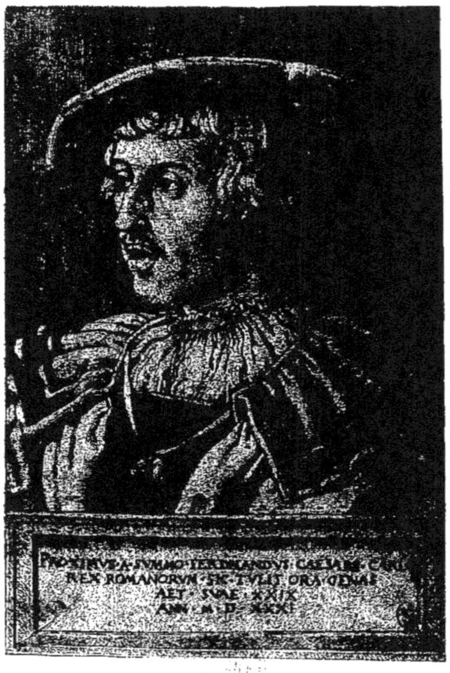
PROXIMVS A SVMMO IERDINANDVS CAESARE CVM
REX ROMANORVM SIC TVLIT ORA ODIA
AET · SVAE · XXIX
ANN · M · D · XXXI

5

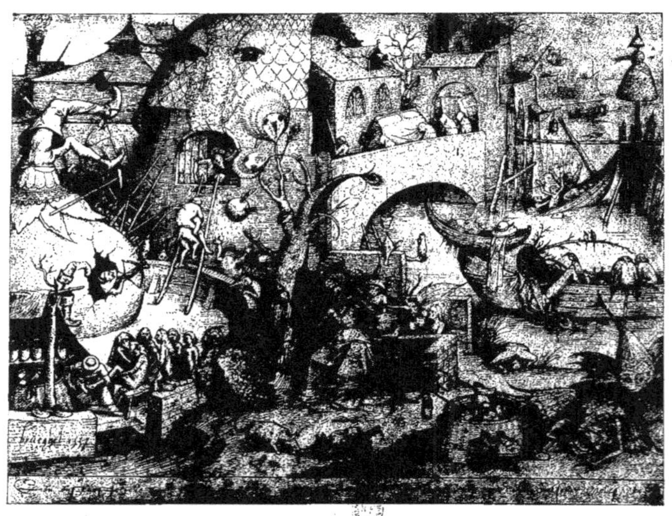

BEHAM
(BARTHEL BEHAIM, ou BEHEM)
Nuremberg, 1502 † en Italie, vers 1540.

5 — *Portrait de Ferdinand Ier d'Autriche.*

En buste, portant la Toison d'or, le visage de trois quarts vers la gauche.

On lit, sur un cartouche : PROXIMUS . A. Summo. FERDNAN-DUS . CAESARE . CARLO REX ROMANORUM . SIC . TULIT ORA . GENAS AET . SUAE XXIX . ANN . M.D.XXXI.

Plume.

Signé à droite, en haut, du monogramme.

Haut., 20 cent.; larg., 13 cent.

Au verso, la marque de la collection : *Van Parijs.*

BRUEGHEL
(PIETER, dit LE VIEUX)
Près Bréda, 1530 † Bruxelles, 1569.

6 — *L'Envie.*

Plume.

Signé à gauche, en bas, et daté : *1557.*

Haut., 22 cent.; larg., 30 cent

Cadre en bois sculpté.

Gravé par J. Cock. — Cf. E. Michel : *Les Brueghel,* page 51.

BRUEGHEL
(Attribué à PIETER)

7 — *Entrée de ville.*

Un cavalier, accompagné d'un piéton, suit un chemin qui longe un cours d'eau, sur la rive opposée duquel s'élève une ville. Au centre, un moulin.
Plume.

Haut., 24 cent.; larg., 35 cent.

Au verso, deux autres dessins : *Vues de villes au bord de cours d'eau.*
Plume.

Haut., 17 cent.; larg., 23 cent.

Cadre en bois sculpté.

BURGKMAIR
(HANS)
Augsbourg, 1473 † Augsbourg, 1559.

8 — *La Vierge et l'Enfant Jésus.*

Le front ceint de la couronne, drapée dans un grand manteau, elle est assise sur un coussin orné de glands. L'Enfant Jésus, sur ses genoux, tient un fruit de la main gauche et de l'autre un chapelet.
Composition quadrilobée.
Plume.

Haut., 34 cent.; larg., 31 cent.

Cadre Renaissance en bois noir peint d'arabesques.
Au centre, en haut, le timbre d'une collection.

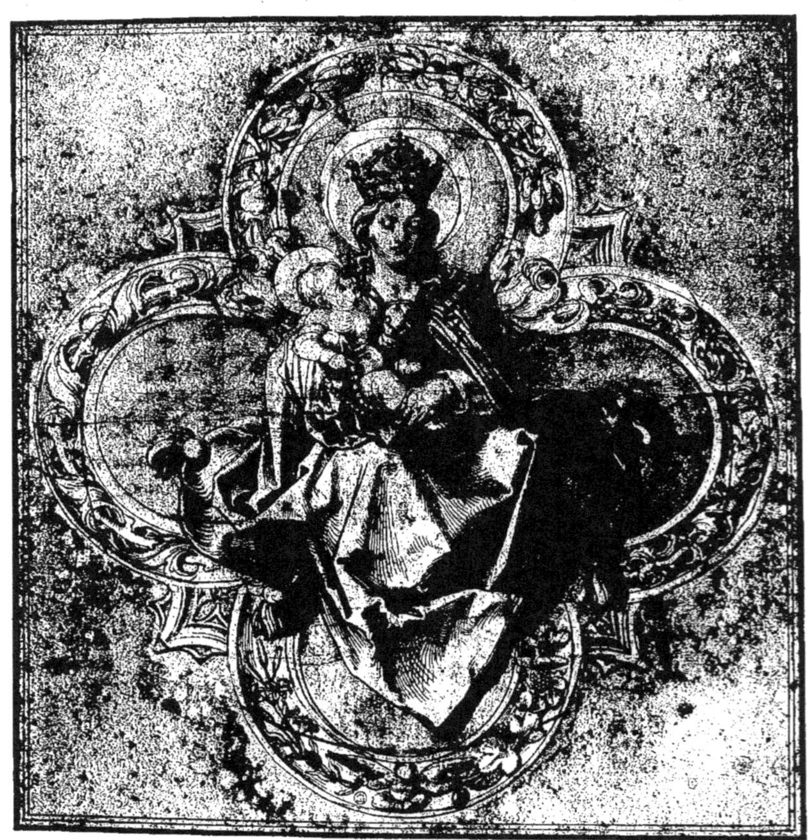

CAMBIASO

(LUCA, ou LUCHETTO DA GENOVA, ou LUCHINO, dit LE CONGIAGE)
Moneglia, 1527 † Madrid, 1585.

9 — *Le Voyageur.*

Un bâton sur l'épaule gauche, il rejoint deux villageois arrêtés près d'une rivière. A droite, vers le fond, un château au sommet d'une colline.

Plume et lavis de sépia.

A droite, en bas, l'indication : *Luca Cangiasi.*

Haut., 28 cent.; larg., 42 cent.

Collections présumées de Christine de Suède ou de Richard Cosway.
Collection Thomas Banks.
Collection H. de Triqueti.

Ce dessin est en outre estampillé d'une marque *C. R.* non encore identifiée
Cf. *Collectors'Marks*, par L. Fagan, édit. St-Louis, 1918, n° 116.

CLOUET

(École des)

PENDANT DU SUIVANT

10 — *Portrait d'un prince.*

Coiffé d'un toquet orné de plumes, une perle à l'oreille, il est représenté en buste, le visage tourné de trois quarts vers la droite.

A gauche, en haut, la mention : *François II, 1519* (il est à remarquer que François II est né à Fontainebleau en 1544).

Dessin aux crayons de couleur rehaussé d'aquarelle.

Haut., 22 cent.; larg., 17 cent.

Cadre en bois sculpté.

On lit, au verso du dessin, la mention suivante d'une écriture ancienne : *Cabinet de M. Naudet, marchand d'estampes au Louvre, 1786. Henri III, frère de Charles IX, peint par Janin, peintre de la cour de Henri IV.*

CLOUET
(École des)

PENDANT DU PRÉCÉDENT

11 — *Portrait de femme.*

Les cheveux nattés sur la nuque, le visage de trois quarts vers la gauche, une guimpe à collerette sur la poitrine, elle est vue en buste.

A gauche, en haut, la mention : *Louise de...* en partie effacée. Dessin aux crayons de couleur rehaussé d'aquarelle.

Haut., 22 cent.; larg., 17 cent.

Cadre en bois sculpté.

On lit, au verso du dessin, d'une écriture ancienne : *A Paris, chez Naudet, m^d d'estampes au Louvre, 1786. Catrine* (sic) *de Medicis, mère de Charles IX, peint part* (sic) *Janin peintre de la cour de Henri IV.*

CORRÈGE
(Attribué à ANTONIO ALLEGRI, dit LE)
Correggio, 1494 + Correggio, 1534.

12 — *La Chaste Suzanne.*

Elle est assise, les pieds nus, les bras croisés sur une draperie, la tête penchée en avant; près d'elle, un vieillard, le visage de trois quarts vers la droite, lève la main droite vers le ciel.
Sanguine.

Haut., 24 cent.; larg., 19 cent.

Cadre en bois sculpté.

COUSIN
(JEAN)
Soucy, 1500 † vers 1593.

13 — *Jeune Seigneur et jeune dame.*

Une jeune femme, le visage retourné vers un gentilhomme
debout à ses côtés, la main droite posée sur son épaule, relève
de son autre main un pli de sa robe.
Plume.

Haut., 15 cent.; larg., 9 cent.

Cadre en bois sculpté.

CREDI
(Attribué à LORENZO DI)
Florence, 1459 † Florence, 1537.

14 — *Tête d'enfant.*

De profil vers la gauche, les cheveux bouclés.
Pointe d'argent rehaussée de blanc.
Dessin de forme ovale.

Haut., 10 cent.; larg., 9 cent.

Cadre en bois mouluré et doré.

DÜRER
(ALBRECHT)
Nuremberg, 1471 † Nuremberg, 1528.

15 — *La Madeleine au pied de la croix.*

Agenouillée sur le sol, drapée dans un grand manteau,
la tête recouverte d'un voile, le visage de trois quarts vers la
droite, les yeux levés vers le Christ, elle entoure de ses mains
le bois de la croix.

Pointe d'argent sur papier préparé et de couleur verte.

Signé à droite, en bas, du monogramme et daté : *1523*.

Haut., 29 cent.; larg., 20 cent.

Collection de Sir Thomas Lawrence.

Collection Defer-Dumesnil, vente à Paris les 10-12 mai 1900, n° 37 du
catalogue.

Reproduit sous le n° 383 par le Dr Lippmann, conservateur du Cabinet
des Estampes et Dessins du musée de Berlin, dans son ouvrage sur les dessins
d'Albert Dürer.

Étude pour la Madeleine du *Crucifiement.* Cf. Passavant. *Le Peintre-
graveur,* tome III, page 156, n° 109.

Cité par M. Charles Ephrussi : *Albert Dürer et ses dessins,* Paris, édit.
Quantin, 1882, page 319.

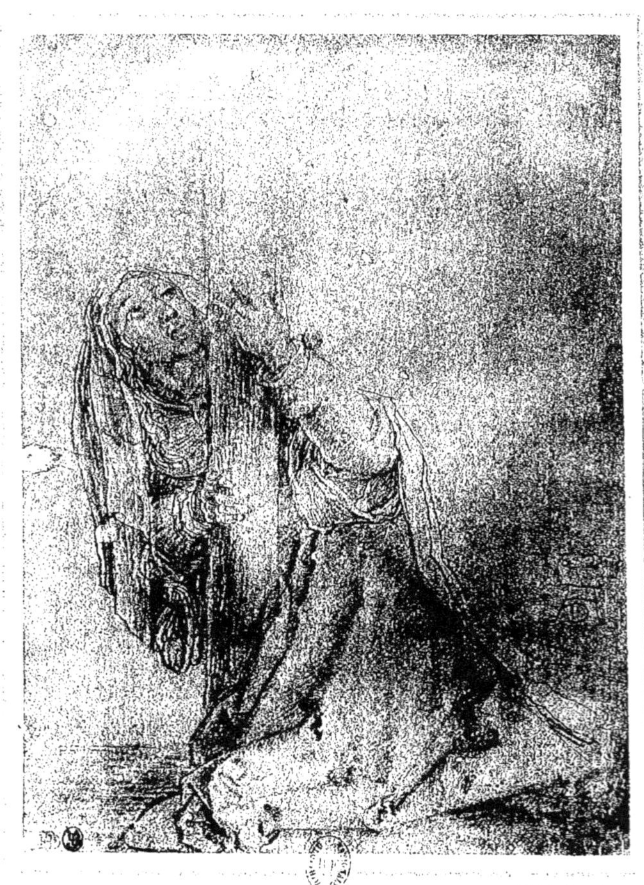

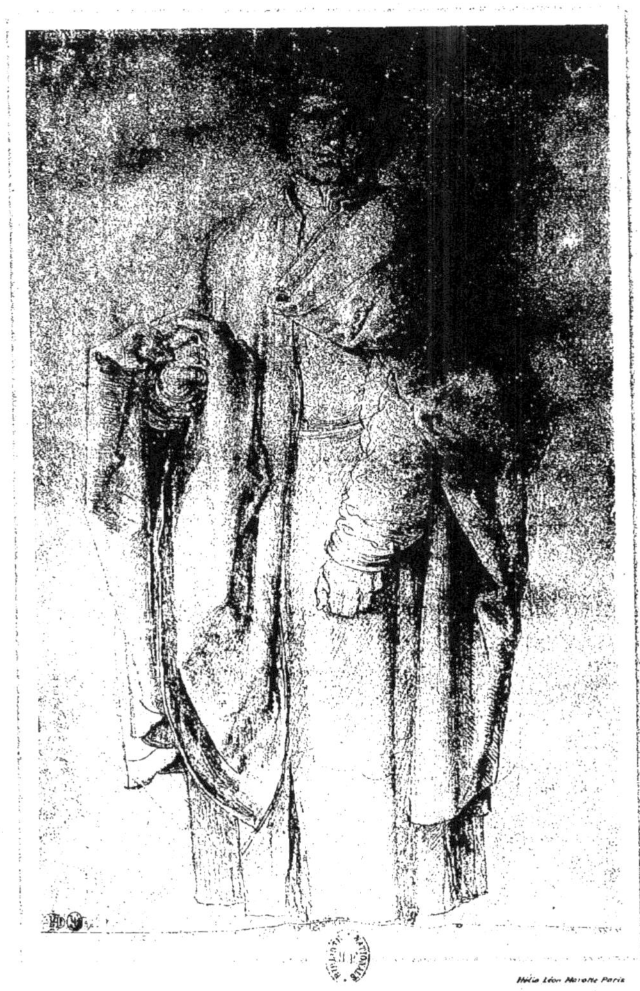

16

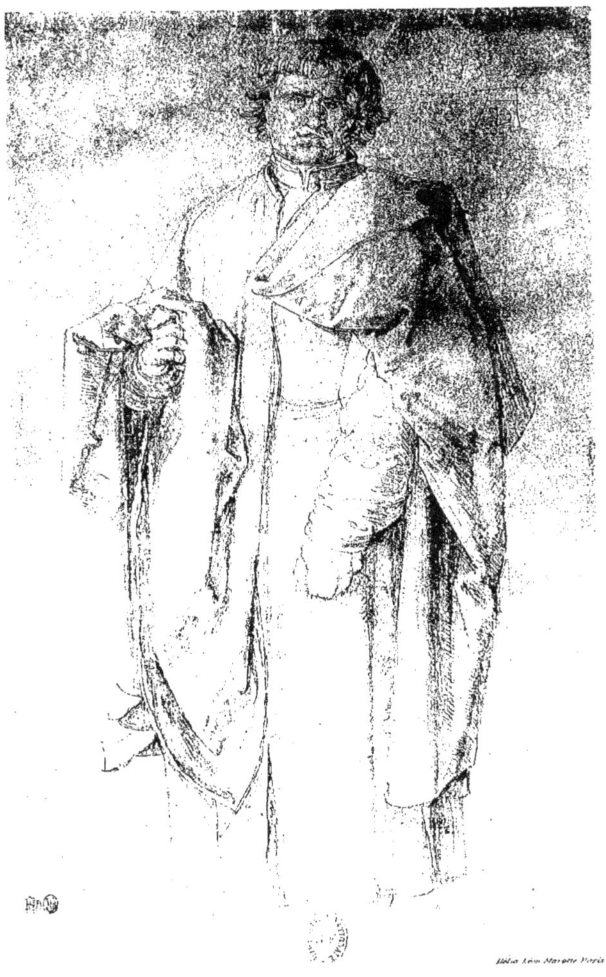

Hélio Leon Marotte Paris

DÜRER
(ALBRECHT)

16 — *Jeune Apôtre debout.*

De face, imberbe, il porte un ample manteau drapé sur le bras droit et relevé sur l'épaule gauche, l'autre bras pend le long du corps.

Dessin à la pierre noire, légèrement rehaussé de blanc, sur papier de couleur verte.

Signé à droite, en haut, du monogramme et daté : *1522.*

Haut., 42 cent.; larg., 26 cent.

Collection de Sir Thomas Lawrence.

Collection Defer-Dumesnil, vente à Paris les 10-12 mai 1900, n° 36 du catalogue.

Reproduit par le Dr Lippmann sous le n° 382.

A figuré à l'Exposition des Beaux-Arts en 1879 sous le n° 264.

DÜRER
(École d'ALBRECHT)

17 — *La Vierge, l'Enfant Jésus et six apôtres.*

Étude de têtes.

Plume et lavis de sépia.

Haut., 13 cent.; larg., 19 cent.

Cadre en bois sculpté.

DÜRER
(École d'ALBRECHT)

18 — *La Vierge soutenue par un saint.*

Au fond, quatre autres personnages.

Plume.

Haut., 17 cent.; larg., 16 cent..

Cadre en ébène avec applications d'écaille et de nacre.

DÜRER

(École d'ALBRECHT)

19 — *Ève.*

Debout, de face et nue, une guirlande de feuillage autour des flancs, un serpent enroulé autour du bras droit, elle tient la pomme.

Derrière elle, la Mort agenouillée.

Plume.

Haut., 17 cent.; larg., 10 cent.

Cadre en bois mouluré et doré.

ÉCOLE ALLEMANDE

(xvıᵉ siècle.)

20 — *La Vierge et l'Enfant Jésus.*

L'Enfant Jésus, sur les genoux de sa mère, se penche et tend la main pour prendre un fruit que lui présente une reine assise à ses pieds.

Plume.

Haut., 24 cent.; larg., 20 cent.

Cadre en bois amarante avec moulure cuivrée.

ÉCOLE ALLEMANDE

(xvıᵉ siècle.)

21 — *Cavaliers en marche.*

Trois cavaliers, coiffés de bonnets de fourrure et armés de lances, s'avancent vers la gauche, précédés par trois musiciens.

Plume et lavis de bistre.

Haut., 34 cent.; larg., 54 cent.

Cadre en bois mouluré et doré.

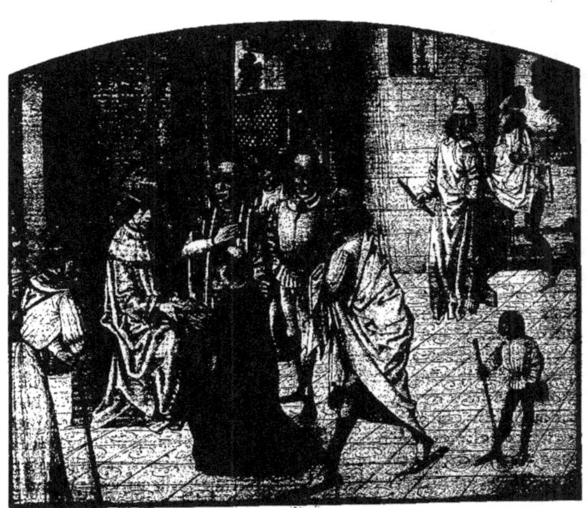

Phot. Léon Martelet Paris

ÉCOLE ALLEMANDE

(xvie siècle.)

22 — *La Vierge et l'Enfant Jésus.*

Le visage nimbé et tourné de trois quarts vers la gauche, les pieds posés sur un croissant, elle tient l'Enfant Jésus dans ses bras et apparaît entourée d'une gloire de rayons.

A droite, en haut, le millésime : *1518.*

Dessin à la plume rehaussé de gouache.

Haut., 17 cent. ; larg., 12 cent.

Cadre Renaissance en bois moulluré.

ÉCOLE ESPAGNOLE

(Fin du xvie siècle.)

23 — *La Vierge au lis.*

Son divin Fils sur ses genoux, elle est assise sur des nuées et tient un lis de la main droite.

Plume et lavis de sépia.

Haut., 34 cent.; larg., 26 cent.

Cadre d'écaille à filets de métal.

ÉCOLE FLORENTINE

(xvie siècle.)

24 — *La Vierge et l'Enfant Jésus.*

Assise, vue de face, elle tient l'Enfant qui fait de la main droite le geste de la bénédiction.

Pointe d'argent.

Haut., 11 cent.; larg., 8 cent.

Cadre en bois moulluré et doré.

ÉCOLE FRANÇAISE
(xvᵉ siècle.)

25 — *Présentation du « Valère Maxime »*
au roi Louis XI.

Le roi est assis sous un dais rose fleurdelisé ; un moine,
à genoux, lui présente un livre ; quatre seigneurs l'entourent
et, sur la gauche, un personnage coiffé de vert s'appuie sur
sa canne.
Enluminure.

Haut., 14 cent.; larg., 17 cent.

Cadre italien en bois sculpté et peint.

Collection J. Niel.
Gravé par Méryon, nᵒ 94 du catalogue de l'œuvre par L. Delteil.

ÉCOLE FRANÇAISE
(xvᵉ siècle.)

26 — *Étude présumée pour une figure tombale.*

Deux représentations de la même femme dans le même
encadrement :
A gauche, elle est vue de face, les mains croisées.
A droite, elle est vue de dos, la tête penchée en avant.
Plume, pierre noire et lavis de bistre.

Haut., 13 cent.; larg., 11 cent.

ÉCOLE FRANÇAISE
(Fin du xvᵉ siècle.)

SUITE DE TROIS DESSINS

27-29 — *Scènes de repas.*

Plume, avec rehauts de sanguine d'une date postérieure.
Dessins de forme ovale.

Haut., 21 cent.; larg., 22 cent.

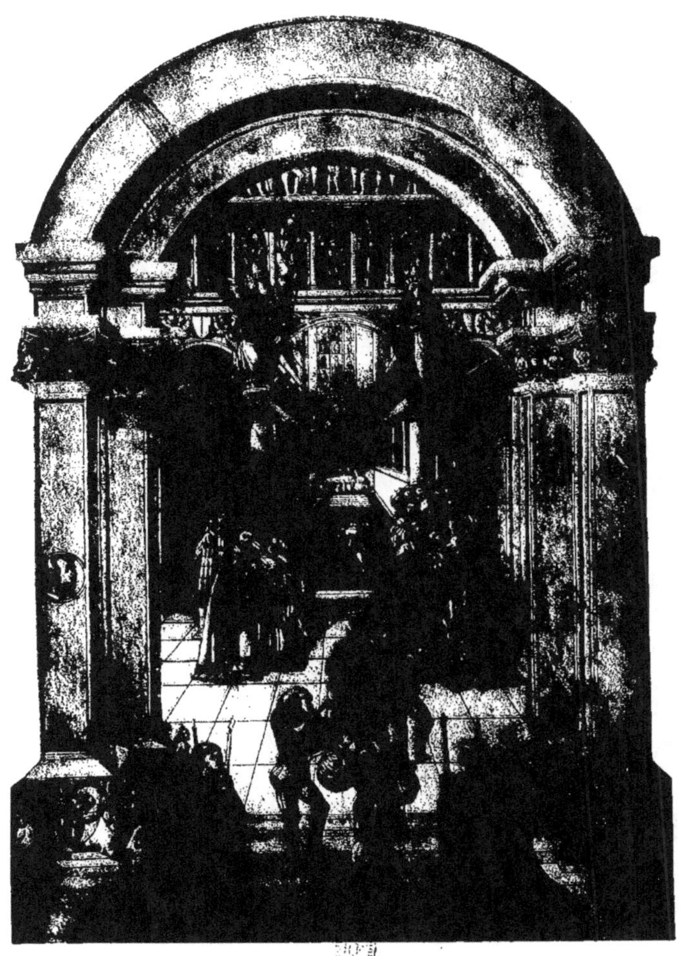

Hélio. Léon Marotte Paris

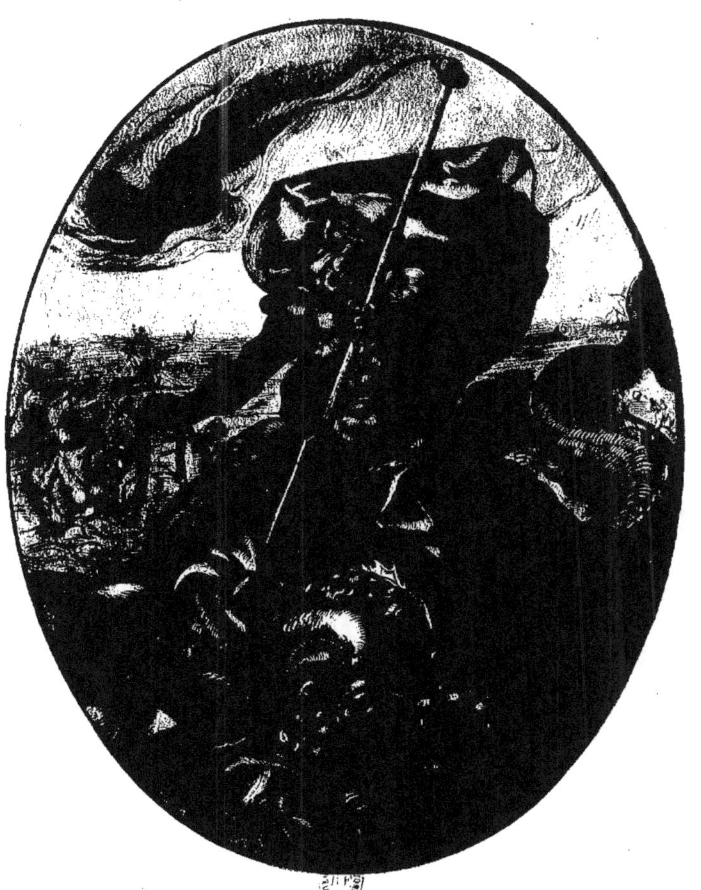

ÉCOLE ITALIENNE
(xvi⁰ siècle.)

30 — *Le Mariage de la Vierge.*

Plume.

Haut., 20 cent.; larg., 15 cent.

Cadre en bois sculpté.

ÉCOLE DE SOUABE
(xv⁰ siècle.)

31 — *La Pièce de maîtrise.*

Des cordiers portent dans leur chapelle la pièce de maîtrise.
Le clergé rangé de chaque côté de l'autel s'apprête à les
recevoir. Au premier plan, les donateurs à genoux et tenant
des cierges.

Miniature.

Haut., 33 cent.; larg., 23 cent.

Cadre en bois mouluré et doré.

Collection J. Niel.

GOLTZIUS
(HENDRIK)
Mulbracht, 1558 † Harlem, 1616.

32 — *Le Triomphe de Neptune.*

Le dieu est assis sur un dauphin qu'il dirige de la main
droite; une draperie flotte derrière lui.

Signé au centre, en bas, du monogramme.

Plume, lavis de bistre et rehauts de blanc.

Dessin de forme ovale.

Haut., 39 cent.; larg., 28 cent.

GOSSAERT

(Attribué à JAN VAN, dit MABUSE)

Maubeuge, vers 1470 † Anvers, 1533.

33 — *La Vierge et l'Enfant Jésus.*

Assise sur un trône, drapée d'un grand manteau, les cheveux épars sur les épaules, la Vierge offre le sein à l'Enfant nu sur ses genoux.

Plume et lavis de bistre.

Haut., 11 cent.; larg., 8 cent.

Cadre en ébène avec applications de métal.

GRAF

(URS, ou URSUS)

Soleure, vers 1485 † Bâle, 1528.

34 — *Une Femme, vue de face.*

Coiffée d'un chapeau orné de longues plumes souples, la tête légèrement penchée sur l'épaule droite, les bras écartés, elle est debout sur la berge d'un cours d'eau. Sur la rive opposée, un village.

Plume.

Signé à gauche, en bas, du monogramme et daté : *1511*.

Haut., 19 cent.; larg., 14 cent.

Cadre en bois noir orné d'arabesques.

LAGNEAU

(École française fin du xvie siècle et commencement du xviie siècle.)

35 — *Portrait d'homme.*

En buste, les cheveux bouclés, le visage presque de face, il porte un pourpoint à collerette.

Pierre noire.

Haut., 22 cent.; larg., 17 cent.

Cadre en bois sculpté.

Collection A. Marmontel, vente à Paris les 28-29 mars 1898, n° 37 du catalogue.

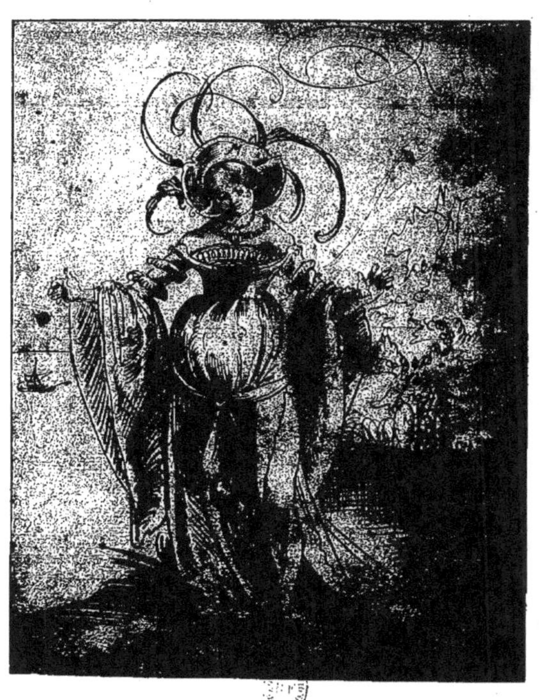

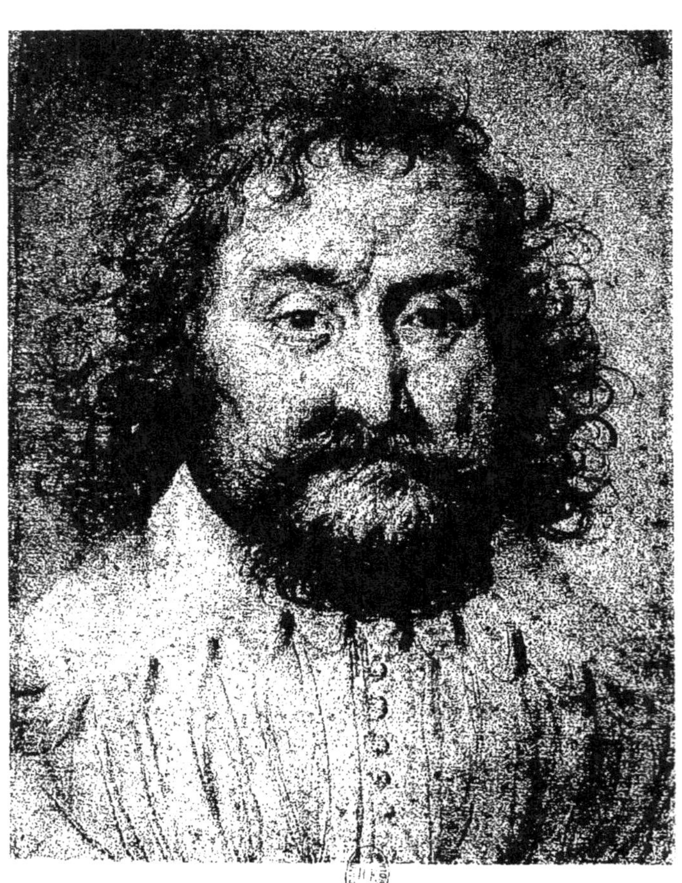

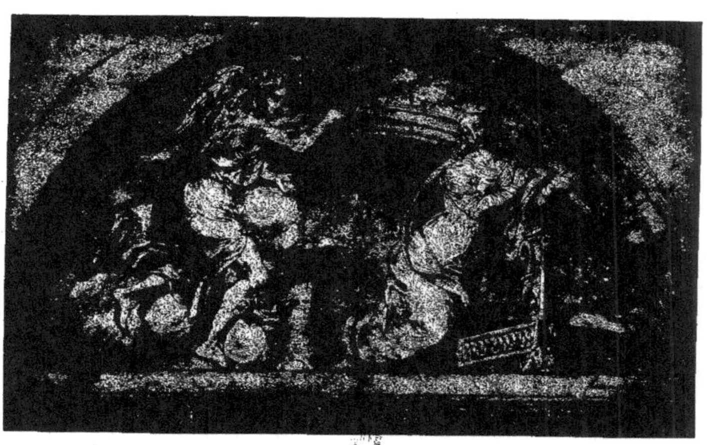

Héris Léon Marotte Paris

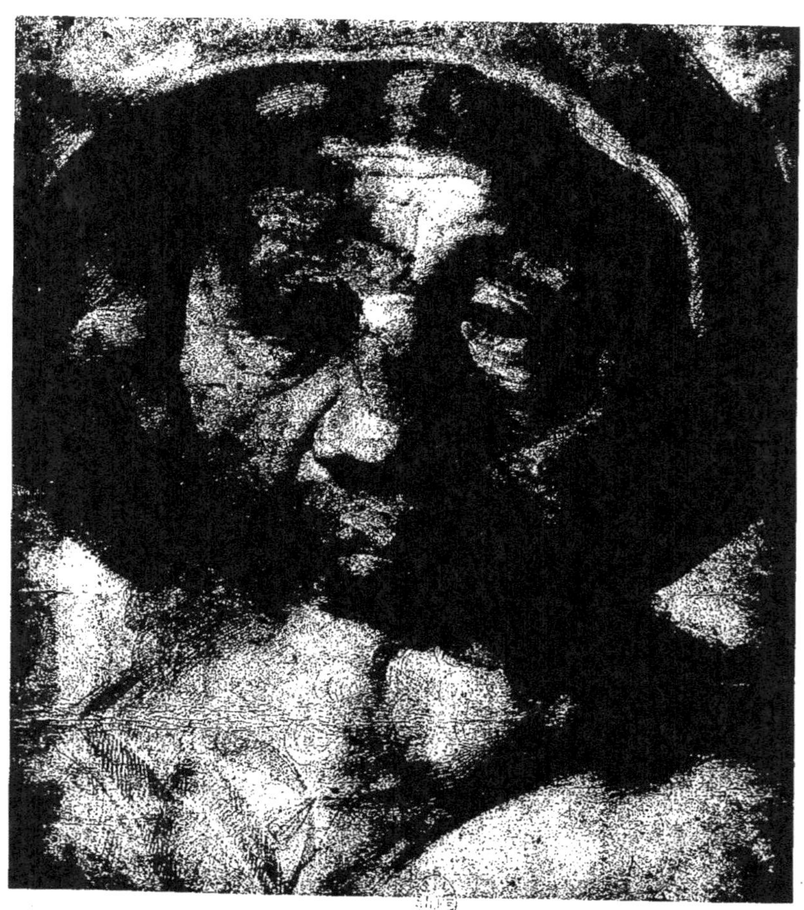

LAUNE
(CHARLES ÉTIENNE DE, ou DE LAULNE)
Orléans, 1518 † Strasbourg, 1595.

36 — *Éve et le serpent.*

Elle cueille la pomme de la main gauche.
Sanguine.

Haut., 11 cent.; larg., 9 cent.

Cadre en ébène avec applications d'écaille.

MAZZUOLA
(FRANCESCO MAZZOLA, MAZZUOLI, ou, dit LE PARMESAN)
Parme, 1504 † Parme, 1540.

37 — *L'Annonciation.*

La Vierge est assise devant un prie-dieu supportant un livre
ouvert; l'ange apparaît, à gauche, entouré de nuées, un lis dans
la main droite.

A droite, en bas, l'indication ancienne : *Francesco Parmesan.*
Plume, bistre et rehauts de blanc.

Haut., 20 cent.; larg., 33 cent.

Cadre en bois sculpté.

Collection P.-J. Mariette.
Collection H. Destailleur, vente citée, n° 788 du catalogue (1).

MICHEL-ANGE
(Attribué à MICHELANGELO BUONARROTTI, dit)
Castel Caprese, 1475 † Rome, 1564.

38 — *Tête d'homme, vu de face.*

Les bords de sa coiffure rabattue sur le visage, il est
représenté en buste et regarde vers la gauche.

Dessin à la pierre noire dont les contours sont pointillés
à l'aiguille.

Haut., 31 cent.; larg., 26 cent.

4

OSTENDORFER
(MICHAEL)
École allemande.† 1559.

39 — *Portrait d'homme âgé.*

En buste, coiffé d'une toque, le visage de trois quarts vers
la gauche.

Signé à droite, vers le bas, des initiales.

Pierre d'Italie rehaussée de blanc et de sanguine.

Haut., 27 cent.; larg., 20 cent.

Cadre d'ébène et d'écaille.

PALMA
(JACOPO, dit LE JEUNE)
Venise, 1544 † Venise, 1628.

40 — *Venise couronnée par la Renommée.*

Étude fragmentaire de la partie supérieure de la composition
décorant le plafond de la salle du Grand Conseil, au Palais
ducal à Venise.

Sanguine.

Haut., 19 cent.; larg., 30 cent.

PISANO
(Attribué à VITTORE, dit PISANELLO)
S. Vigilio, vers 1380 † Rome (?), 1451.

41 — *Études d'hommes.*

Quatre figures nues d'hommes assis, ou agenouillés, tenant
ou brisant des bâtons.

Plume, sur parchemin.

Haut., 15 cent.; larg., 26 cent.

Cadre en bois mouluré et doré.

Collection H. Destailleur, vente citée, n° 786 du catalogue.

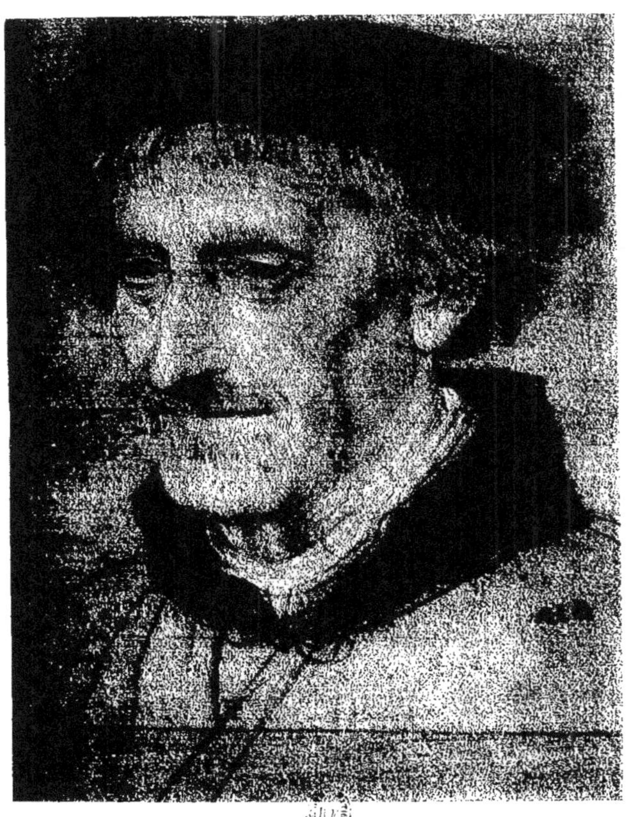

Helio. Léon Marotte Paris

PRIMATICE
(FRANCESCO PRIMATICCIO, dit le)
Bologne, 1490 † Paris, 1570.

42 — *Danaé.*

Plume et lavis de sépia.

Dessin de forme ovale. Haut., 25 cent.; larg., 37 cent.

Cadre en bois sculpté.

Une tapisserie d'après une composition sensiblement similaire du Primatice, figurait à Schoënbrunn, dans les collections royales d'Autriche.

RAMENGHI
(BARTOLOMMEO, dit BAGNACAVALLO)
Bologne, vers 1484 † Bologne, 1542.

43 — *Le Pape bénissant l'empereur Constantin.*

L'empereur Constantin le Grand, un genou à terre, reçoit la bénédiction du pape qui lui remet un bâton. A droite, les personnages de la suite du pape dont l'un porte les clefs de saint Pierre; à gauche, les officiers de la cour de l'empereur.
Dessin au bistre relevé de gouache.

Haut., 22 cent.; larg., 36 cent.

Cadre en bois sculpté.

Collection Giuseppe Vallardi.
Collection E. Desperet.

ROBUSTI
(DOMENICO)
Venise, 1562 † Venise, 1637.

44 — *Le Séjour des Bienheureux.*

Première pensée du tableau peint dans le fond de la salle du Grand Conseil, au Palais des Doges, à Venise.
Plume et lavis de bistre.

Haut., 39 cent.; larg., 57 cent.

Collection du marquis de Lagoy.
Collection Defer-Dumesnil, vente à Paris, les 10-12 mai 1910, n° 236 du catalogue.

ROMAIN

(GIULIO DEI GIANNUZZI dit GIULIO PIPPI, ou JULES)
Rome, 1492 † Mantoue, 1546.

45 — *Un Satyre.*

A mi-corps, le visage de face cornu et barbu, il soutient
un linteau de pierre de ses mains écartées.

Plume et lavis de sépia.

Haut., 21 cent.; larg., 16 cent.

Cadre en bois sculpté.

Collection Mariette.
Collection H. de Triqueti.
Collection H. Destailleur, vente à Paris les 19-23 mai 1896, n° 492 du
catalogue.

STIMMER

(TOBIAS)
Schaffouse, 1539 † vers 1592.

46 — *La Famille de Darius*
aux pieds d'Alexandre.

Dans un encadrement ovale orné d'amours, une femme
accompagnée de suivantes est agenouillée devant un guerrier
debout, à gauche, et suivi d'une nombreuse armée.

Dessin en grisaille et gouaché.

Haut., 30 cent.; larg., 41 cent.

Cadre en bois sculpté.

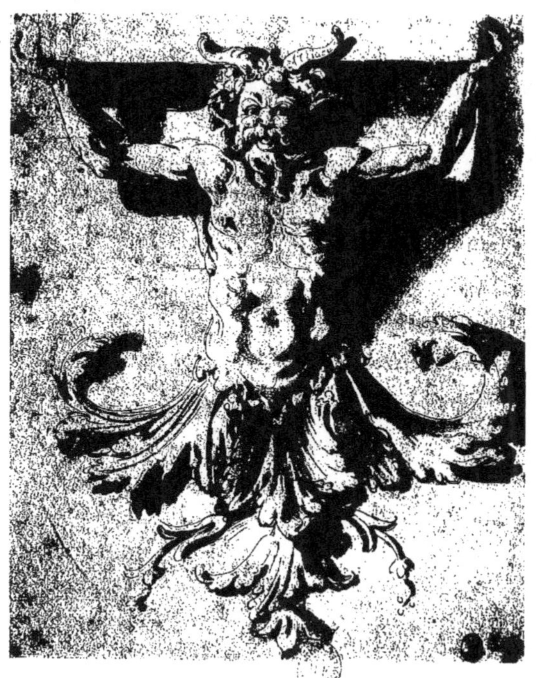

45

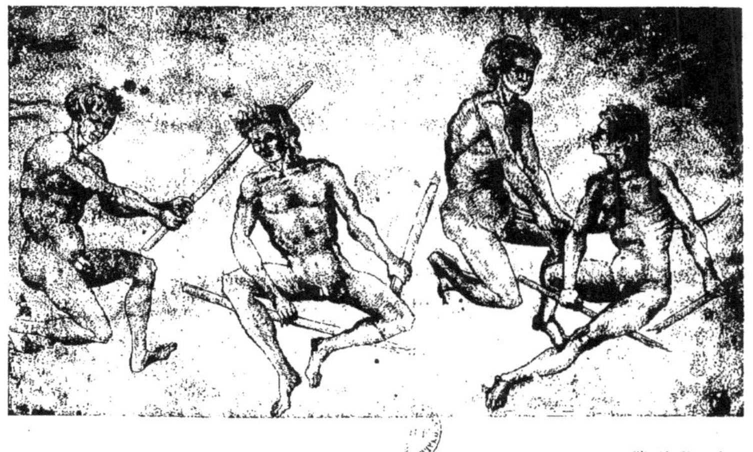

41

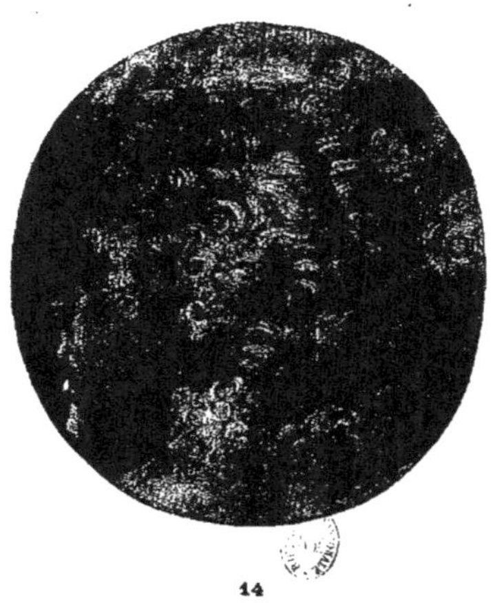

14

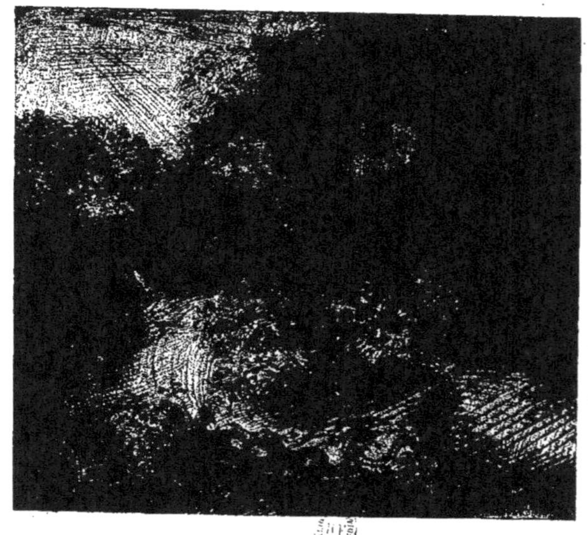

49

TINTORET
(Attribué à JACOPO ROBUSTI, dit le)
Venise, 1512 † Venise, 1594.

47 — *L'Adoration des Bergers.*

La Vierge est agenouillée, au centre, devant l'Enfant Jésus ;
les bergers entourent le divin groupe que la lumière venant
d'en haut éclaire vivement. A droite, un homme et une femme
accompagnés d'un chien se silhouettent à contre jour. Dans le
ciel, un ange tenant des banderolles.

Plume et lavis de sépia.

Haut., 25 cent. ; larg., 18 cent.

Cadre en bois sculpté.

TINTORET
(École du)

48 — *Tête d'homme.*

Légèrement tournée à gauche, la moustache tombante, la
barbe en désordre.

Pierre d'Italie et rehauts de blanc.

Haut., 33 cent. ; larg., 23 cent.

Cadre en bois sculpté.

TITIEN
(Attribué à TIZIANO VECELLIO, ou VECELLI, dit LE)
Pieve di Cadore, 1477 † Venise, 1576.

49 — *Paysage.*

Une maison s'élève, à gauche, entourée de grands arbres, au
pied d'une colline boisée. Les rais du soleil traversant les
nuages éclairent la composition.

Plume.

Haut., 12 cent., ; larg., 13 cent.

Cadre en bois sculpté.

Collection E. Desperet.

VÉRONÈSE
(PAOLO CAGLIARI, ou CALIARI, dit PAUL)
Vérone, 1528 † Venise, 1588.

5o — *Le Festin de saint Grégoire le Grand.*

Un large escalier à rampe à balustres accède dans une salle ornée de colonnes, où les convives ont pris place derrière une table. Deux serviteurs le gravissent portant des mets. A gauche, un gentilhomme, vu de dos, et un chien.

Plume et lavis de bistre rehaussé de blanc.

Haut., 28 cent.; larg., 42 cent.

Dessin de la partie latérale droite du grand tableau du maître décorant le réfectoire du couvent de Monte Berico, près Vicence.

VÉRONÈSE
(Attribué à PAUL.)

5i — *Étude pour un tableau.*

A gauche, un personnage drapé d'un ample manteau, une épée ceinte à la taille. Derrière lui, deux pages, l'un tenant un chien en laisse et un quatrième personnage une couronne sur le front. Au fond, la colonnade d'un palais.

Sanguine.

Haut., 28 cent.; larg., 35 cent.

Cadre en bois sculpté.

VÉRONÈSE
(École de PAUL.)

52 — *Moïse sauvé des eaux.*

Plume et lavis de sépia.
Dessin mis au carreau.

Haut., 21 cent.; larg., 26 cent.

Au verso un fragment de dessin : *La Fille du pharaon portant Moïse dans ses bras et accompagnée d'une suivante.*

Dessin également quadrillé.

Plume et lavis de sépia.

Cadre en bois sculpté.

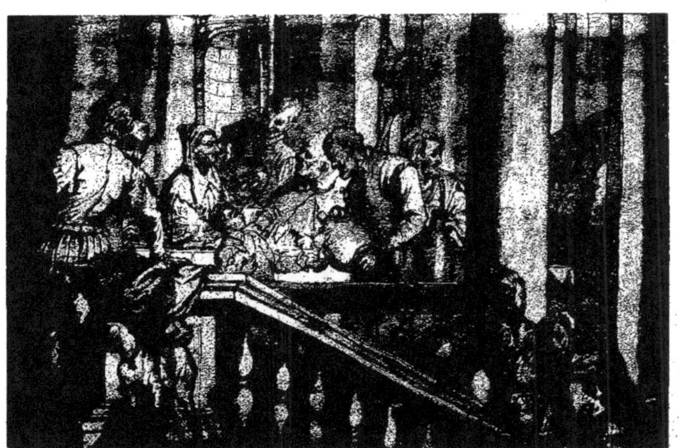

HÉLIO LÉON MAROTTE, PARIS

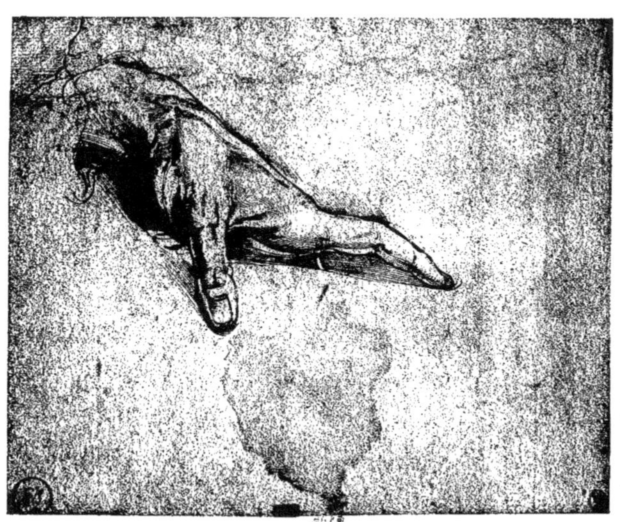

HÉLIO LÉON MAROTTE. PARIS

VINCI
(LIONARDO DA)
Vinci, 1452 † Cloux, 1519.

53 — *Étude d'une main gauche.*

Le poignet arqué, l'index étendu.
Plume.

Haut., 20 cent.; larg., 23 cent.

Cadre d'ébène avec ornements de métal en relief.

Collection de Thomas Banks.
Collection H. de Triqueti.

VINCI
(École de LÉONARD DE)

54 — *Tête d'homme âgé.*

Le front dénudé, le visage de trois quarts vers la gauche et
sillonné de rides.
Pointe d'argent.

Haut., 18 cent.; larg., 14 cent.

Cadre en bois mouluré et doré.

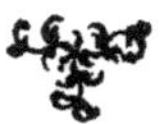

DESSINS & PASTELS

DES XVIIe ET XVIIIe SIÈCLES

AERTSEN
(PIETER)
École flamande, xviie siècle.

55 — *La Cuisine.*

Divers personnages sont occupés à la préparation d'un festin.
Dessin à la plume et lavis de sépia. A été mis au carreau.

Haut., 22 cent. 1/2 ; larg., 31 cent.

Cadre ancien en bois sculpté doré.

AKEN
(JAN VAN)
Hollande, 1614 † ?.

56 — *Paysage rhénan.*

Le Rhin coule encadré de collines rocheuses. Au premier plan,
un groupe de trois personnages causant au bord d'une route.
Dessin au lavis d'encre de Chine.

Haut., 17 cent. 1/2 ; larg., 28 cent.

Cadre ancien Louis XVI, en bois sculpté doré.

Collection Mouriau.

AUBRY

(ÉTIENNE)

Versailles, 1745 † 1781.

57 — *Scène d'intérieur.*

Dans un intérieur modeste, une jeune femme est assise,
occupée à coudre; près d'elle, une fillette la regarde.

Dessin au crayon noir, rehaussé de blanc, sur papier gris.

Haut., 25 cent.; larg., 20 cent. 1/2.

Cadre ancien en bois sculpté doré.

AUGUSTIN

(J.-J.-BAPTISTE)

Saint-Dié, 1759 † Paris, 1832.

58 — *Préparation pour une tête de femme.*

Petit dessin au lavis d'encre de Chine et rehauts de gouache,
sur papier bleu.

Haut., 5 cent.; larg., 4 cent. 1/2.

Cadre bois naturel.

AVED

(Attribué à JACQUES-ANDRÉ-JOSEPH)

Douai (?), 1702 † Paris, 1766.

59 — *Portrait d'homme.*

Vu de trois quarts à gauche, il est assis devant une table et
tient une lettre entre ses mains.

Dessin au crayon noir et rehauts de blanc, sur papier
verdâtre.

Haut., 23 cent. 1/2; larg., 19 cent.

Cadre ancien en bois sculpté doré.

BARBIERI
(GIOVANNI-FRANCESCO, dit LE GUERCHIN)
Cento, 1591 † Bologne, 1666.

60 — *La Vierge tenant l'Enfant Jésus, Marthe et saint Jean Baptiste.*

Saint Jean, debout, offre à l'Enfant Jésus, une colombe.
Dessin à la plume et lavis de sépia.

Haut., 32 cent.; larg., 22 cent.

Cadre en bois sculpté.

BARBIERI
(GIOVANNI-FRANCESCO, dit LE GUERCHIN)

61 — *Portrait de femme.*

Assise de trois quarts à droite, les mains croisées sur un
livre ouvert.
Dessin à la plume et lavis de sépia.

Haut., 28 cent. 1/2; larg., 22 cent. 1/2.

Cadre en bois sulpté.

BARBIERI
(GIOVANNI-FRANCESCO, dit LE GUERCHIN)

62 — *Représentation théâtrale.*

On lit au verso du dessin, d'une écriture ancienne : *Le
moment de représentation d'une pièce dans le théâtre de Parme,
à la plume lavis de bistre.*
Important dessin à la plume et lavis.

Haut., 35 cent. 1/2; larg., 46 cent. 1/2.

Cadre ancien en bois sculpté doré.

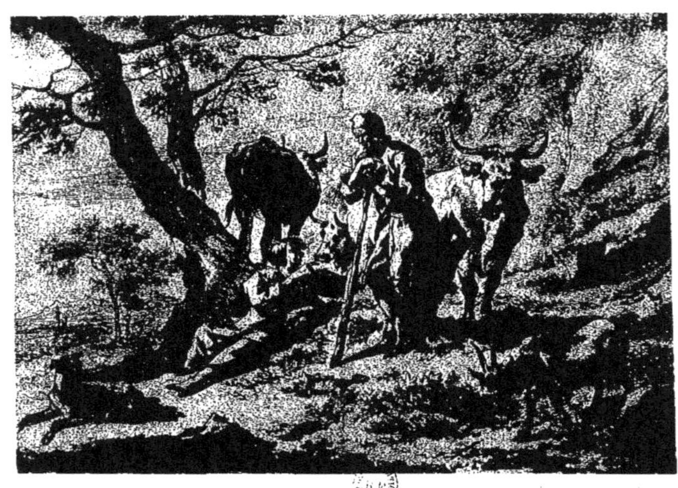

63

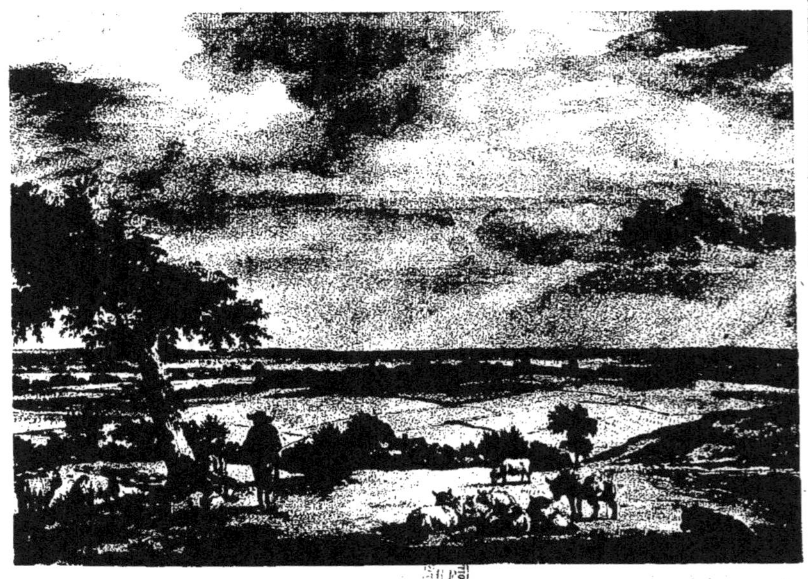

323

BERCHEM

(NICOLAS)

Haarlem, 1620 ✝ Amsterdam, 1683.

63 — *Le Pâtre debout.*

Il est debout, s'appuyant en arrière à un tronc d'arbre et en avant sur un long bâton. A ses pieds, près d'un arbre, un jeune garçon lui parle. Vaches, chèvre et chien.

Dessin lavé d'encre de Chine.

Signé en haut, à droite.

Marque de collection.

Haut., 15 cent.; larg., 19 cent. 1/2.

Cadre ancien en bois sculpté doré.

BERCHEM

(NICOLAS)

64 — *Pâtre gardant un troupeau.*

Il est couché sur un tertre, surveillant ses moutons; au premier plan, des vaches sont debout; à gauche, une autre couchée rumine.

Dessin lavé d'encre de Chine.

Haut., 16 cent. 1/2; larg., 20 cent.

Cadre en bois sculpté doré.

BERCKEYDE

(JOB)

Haarlem, 1630 ✝ Haarlem, 1693.

65 — *Le Château.*

Sa façade à pignon se développe au-dessus d'un escalier de pierre; au milieu de la face latérale, s'élève une tour carrée. Fond d'arbres.

Dessin à l'aquarelle.

Haut., 18 cent.; larg., 25 cent.

Cadre ancien en bois sculpté doré.

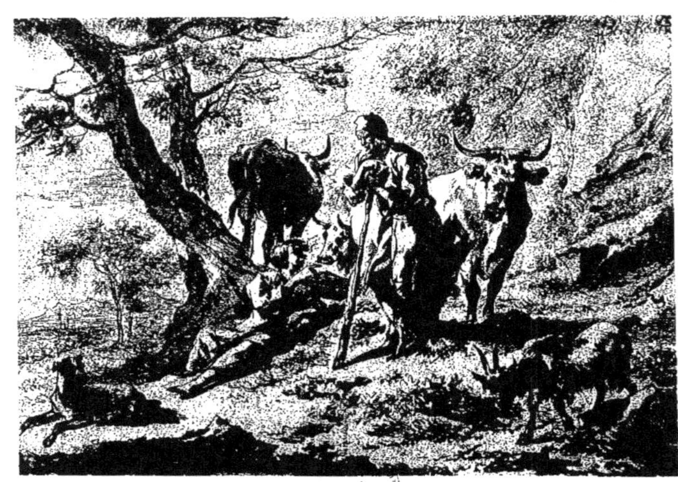

63

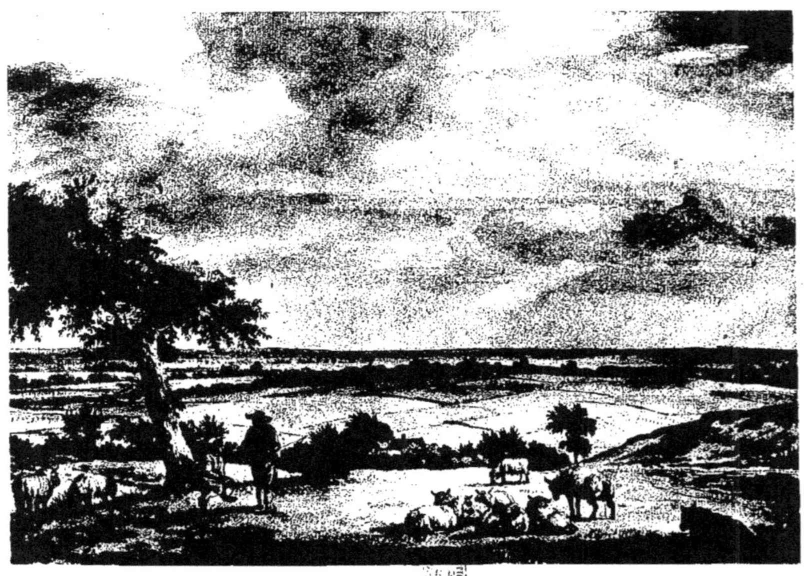

323

BERNIN

(Attribué au)

Naples, 1598 + Rome, 1680.

66 — *Projet de statue équestre.*

Dessin à la sanguine.

Haut., 24 cent.; larg., 13 cent. 1/2.

Cadre ancien en bois sculpté doré.

BINET

(LOUIS)

Paris, 1744 + vers 1800.

67 — *Vignettes pour illustration.*

Scènes de romans de Restif de la Bretonne.
Quatre dessins à la plume et lavis de sépia.

Haut., 13 cent.; larg., 9 cent.

Cadre ancien en bois doré.

BLANCHET

(LOUIS-GABRIEL)

Paris, 1705 + Rome, 1772.

68 — *L'Annonciation.*

La Vierge est à genoux, à gauche, écoutant l'Ange prosterné
que domine une théorie de chérubins, à droite.
Dessin au crayon et lavis d'encre de Chine.

Haut., 37 cent. 1/2; larg., 25 cent.

Cadre ancien en bois sculpté doré.

BOISSIEU
(JEAN-JACQUES DE)
Lyon, 1736 † Lyon, 1810.

69 — *Paysage aux environs de Lyon.*

Sur la rivière qui serpente, deux barques, l'une à voile
chargée de cinq personnages, l'autre vide, se voient à gauche.
Les ruines d'un château à tour s'élèvent à droite. Au fond, les
restes d'un aqueduc antique.

Dessin au lavis d'encre de Chine.

Signé du monogramme et daté en bas, à gauche : *1787.*

Cachets de collections.

Haut., 23 cent. ; larg., 36 cent. 1/2.

Cadre en bois sculpté, partiellement doré.

Collection De Lagoy.

BOISSIEU
(Attribué à J.-J. de)

70 — *Le Gué.*

Au milieu d'un gué, un âne chargé d'un bât et un bélier se
sont arrêtés pour se désaltérer.

Dessin à la plume et lavis.

Haut., 12 cent. 1/2 ; larg., 17 cent. 1/2.

Cadre ancien en bois sculpté doré.

BONNART
(NICOLAS)
École française xviie et xviiie siècles.

71 — *Femme assise tenant le caducée.*

Dessin à la sanguine.

Haut., 24 cent.; larg., 17 cent.

Cadre ancien en bois sculpté doré.

BORSUM
(ABRAHAM VAN)
Amsterdam, 1630 † 1677.

72 — *Coq et poules.*

Sur une corbeille renversée, à gauche, un coq est perché;
à ses côtés, une poule glousse et une autre picore.

Dessin à la plume et lavis.

Signé en bas, à droite.

Haut., 14 cent. 1/2; larg., 22 cent. 1/2.

Cadre ancien en bois sculpté doré.

Vente Defer-Dumesnil (10-12 mai 1900), n° 55.

BORSUM
(ABRAHAM VAN)

73 — *Volatiles divers dans un parc.*

Sur une balustrade, à droite, un paon est perché; d'autres
oiseaux, aux brillants plumages, sont à terre.

Gouache.

Signée des initiales.

Haut., 27 cent 1/2; larg., 22 cent.

Cadre doré.

BOTH
(JEAN)
Utrecht, 1610 † Utrecht, 1652.

74 — *Paysage.*

Au premier plan, une femme montée sur un âne, entourée de
trois moutons, que pousse un pâtre, traverse un gué; à droite,
des arbres. Dans le fond, la silhouette d'une habitation.

Dessin au lavis d'encre de Chine.

Haut., 15 cent. 1/2; larg., 20 cent.

Cadre ancien en bois sculpté doré.

BOTH
(Attribué à JEAN)

75 — *Paysage.*

Paysage verdoyant dominant une vallée; vers le milieu de la composition, un pâtre, des moutons et son chien.

Dessin à l'encre de Chine.

Inscriptions à gauche, en haut et en bas.

Haut., 18 cent. 1/2; larg., 29 cent. 1/2.

Cadre ancien en bois sculpté doré.

BOUCHER
(FRANÇOIS)
Paris, 1703 † Paris, 1770.

76 — *Paysage à Franconville.*

Des habitations rustiques s'élèvent, à gauche, sur un monticule. Des futailles sont abandonnées dans un creux de terrain; une paysanne, portant un pain, surgit des roseaux auprès d'un cours d'eau.

Dessin à la pierre d'Italie.

Haut., 31 cent. 1/2; larg., 46 cent.

Cadre ancien en bois sculpté doré.

BOUT
(PIETER)
Bruxelles, 1658 † Bruxelles, 1702.

77 — *Intérieur de corps de garde.*

Au centre de la composition, des reîtres font cercle autour d'un tambour et jouent aux dés. Dans le fond, près de la cheminée, d'autres soldats sont groupés.

Dessin au lavis d'encre de Chine.

Signé en bas, vers la gauche.

Haut., 18 cent.; larg., 21 cent 1/2.

Cadre ancien en bois sculpté doré.

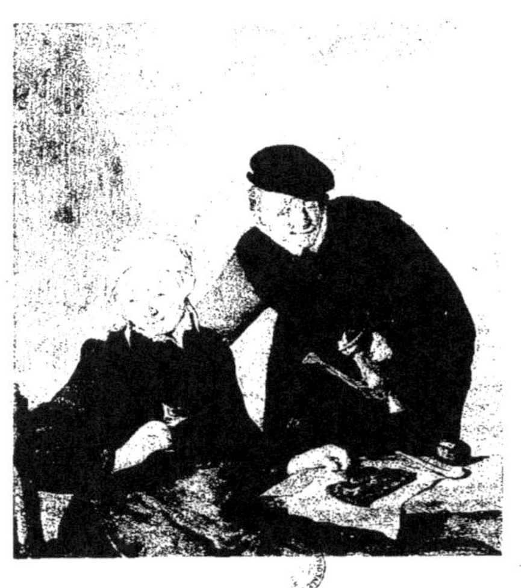

257

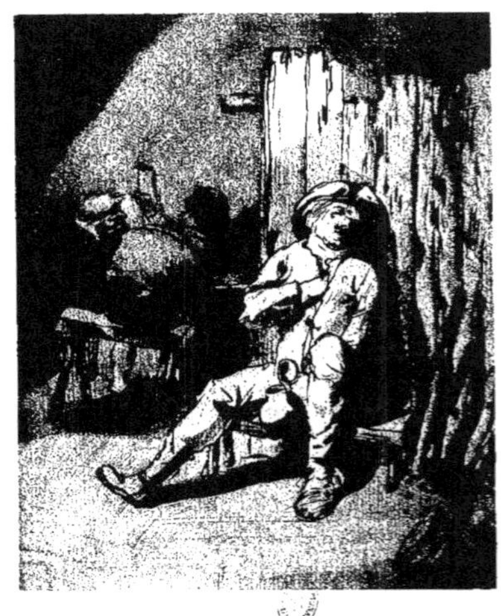

78

BRAUWER
(ADRIAN)
Oudenarde, 1605 ✝ Oudenarde, 1638.

78 — *Intérieur de cabaret.*

Assis sur un banc et appuyé contre une cloison de planches,
un ivrogne semble dormir. Dans le fond, trois buveurs attablés.
Dessin à la plume et lavis.

Haut., 19 cent.; larg., 15 cent. 1/2.

Cadre ancien en bois sculpté doré.

BRUEGHEL le Vieux
(École de PETER)

79 — *Entrée d'un village.*

Il apparaît, dominé par le clocher de son église, dans le fond
d'un terrain vallonné, à droite duquel est un chemin montant,
bordé de grands arbres.
Dessin à la plume et lavis.
Daté au revers : *12 janvier 1609.*

Haut., 20 cent. ; larg., 31 cent.

Cadre ancien en bois sculpté, partiellement doré.

BRUEGHEL le Jeune
(PIETER)
Bruxelles, 1564 ✝ Anvers, 1637.

80 — *Le Retour du marché.*

Au premier plan, vers la droite, un troupeau de porcs; vers
la gauche, des chariots et des groupes de paysans.
Dessin à la plume.

Haut., 24 cent. 1/2 ; larg., 35 cent.

Cadre ancien en bois sculpté doré.

6

BRUEGHEL le Jeune
(PIETER)

81 — *Feuille de croquis.*

En haut, personnages isolés et en groupes, animaux, voiture
et chariot; en bas, deux groupes de paysans et un chariot
bâché, attelé de trois chevaux.

Dessin à la plume et lavis.

En bas, à droite, on lit d'une ancienne écriture : *Breugle.*

Haut., 19 cent. 1/2 ; larg., 26 cent. 1/2.

CALLOT
(JACQUES)
Nancy, 1592 ✝ Nancy, 1635.

82 — *Trois Gueux.*

Celui de gauche marche dans cette direction, s'appuyant sur
une canne. Au milieu, une mendiante est arrêtée ; à droite, un
gueux, à grandes enjambées, aidé d'un bâton, se dirige à droite.

Trois dessins à la plume.

Haut., 14 cent ; larg., 10 cent.

Cadre ancien en bois sculpté doré.

CALLOT
(JACQUES)

83 — *Trois Gueux.*

Celui de gauche, avec une jambe de bois, s'avance sur des
béquilles. Au centre, une femme marche également avec des
béquilles. A droite, un aveugle, debout, attend l'aumône, son
chien près de lui.

Trois dessins à la plume.

Haut , 14 cent. 1/2; larg., 10 cent.

Cadre ancien en bois sculpté doré.

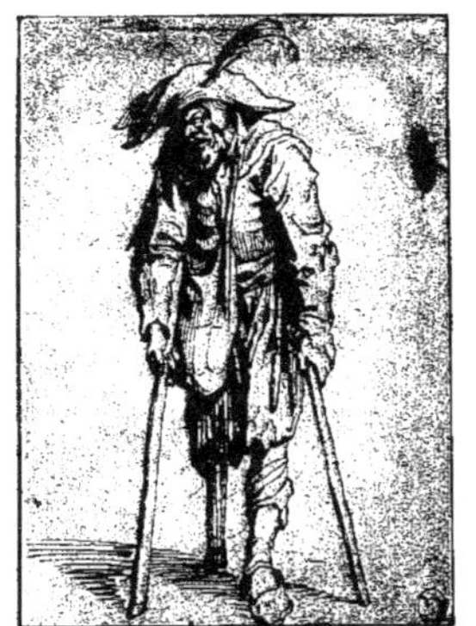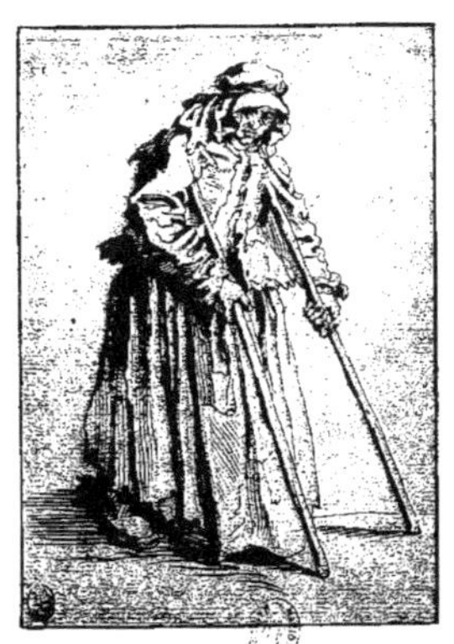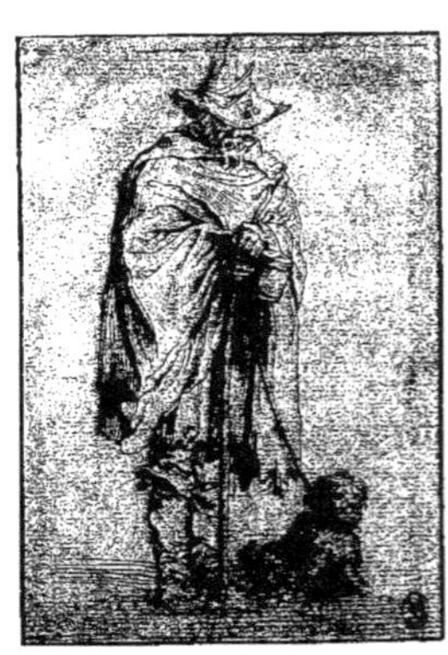

83

CALLOT
(École de JACQUES)

84 — *Une Mendiante.*

Debout, de profil à droite, s'appuyant sur une canne et tenant son chapelet.

Dessin au crayon.

Haut., 14 cent. ; larg., 8 cent.

Cadre ancien en bois sculpté doré.

CANALETTO
(ANTONIO CANALE, dit)
Venise, 1697 † Venise, 1768.

85 — *San Giorgio Maggiore, vu du quai dei Schiavoni.*

Au premier plan, sur le quai, des barques stationnent, des personnages circulent.

Dessin à la plume et lavis de sépia.

Haut., 18 cent.; larg., 26 cent. 1/2.

Cadre ancien en bois sculpté doré.

CARRACHE
(Attribué à ANNIBAL)
Bologne, 1560 † Rome, 1609.

86 — *Pietà.*

Des anges, porteurs des instruments du supplice, entourent le Seigneur qu'un autre ange soutient.

Dessin à la plume et lavis de sépia.

Haut., 18 cent. 1/2; larg., 13 cent. 1/2.

Cadre ancien en bois sculpté doré.

CASTIGLIONE
(GIO BENEDETTO)
Gênes, 1616 † Mantoue, 1670.

87 — *La Fuite en Égypte.*

Tous trois se sont arrêtés au pied d'un arbre. Au-dessus du groupe se voient trois anges.

Dessin au lavis de sépia et rehauts de couleurs.

Haut., 37 cent.; larg., 27 cent.

Cadre ancien en bois sculpté doré.

Collection Mouriau.
Vente Marmontel (28-29 mars 1898), n° 16 des dessins anciens.

CATS
(JACOB)
Altona, 1741 † Amsterdam, 1799.

88 — *La Plage de Scheveningen.*

Au premier plan, l'artiste dessinant; à l'arrière, à gauche, le clocher de l'église et des maisons avec une tour; à droite, sur la mer, des barques à voile.

Dessin à la plume et lavis.

Haut., 23 cent., larg., 33 cent 1/2.

Cadre ancien en bois sculpté doré.

CATS
(JACOB)

89 — *Le Coup de l'étrier.*

A droite, devant une auberge, un cavalier s'est arrêté; pendant que l'aubergiste fait boire sa monture, la servante présente un verre au voyageur. Fond de paysage ensoleillé.

Dessin au lavis d'encre de Chine.

Haut., 24 cent.; larg., 31 cent. 1/2.

Cadre ancien Louis XVI, en bois sculpté doré.

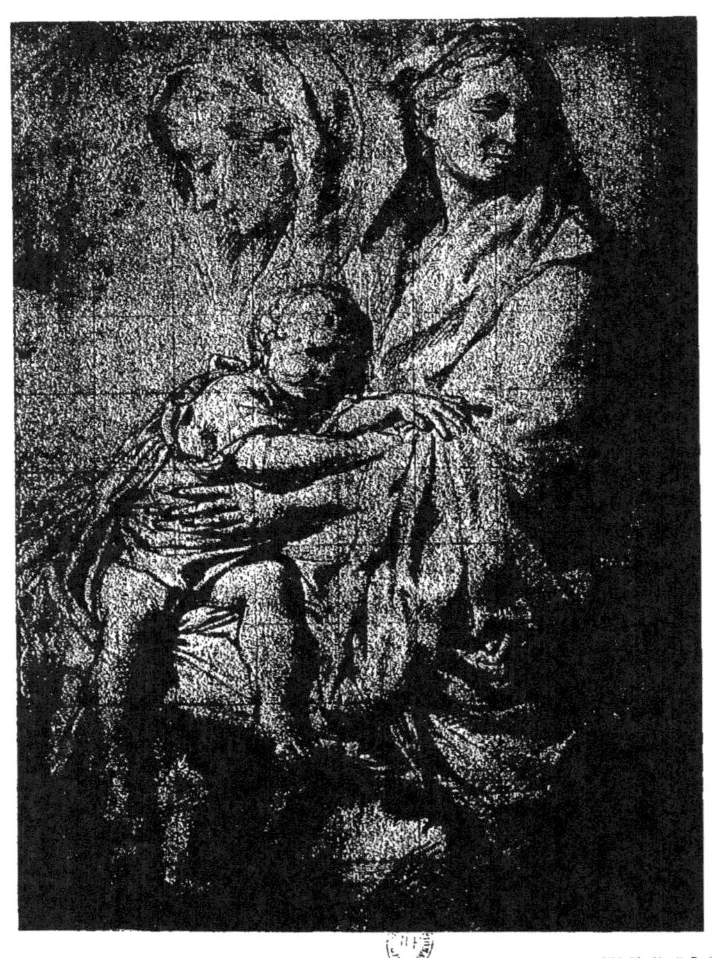

CATS
(JACOB)

90 à 92 — *Paysage.* — *Un Hameau.* — *Un Gué.*

Trois petits dessins au lavis d'encre de Chine.

Haut., 9 cent. 1/2 ; larg., 6 cent. 1/2.

Cadres anciens en bois doré.

CHAMPAGNE
(PHILIPPE DE)
Bruxelles, 1602 † Paris, 1674.

93 — *Portrait présumé d'Anne d'Autriche.*

La reine est vue à mi-jambes, assise presque de face, tenant un livre dans sa main gauche et touchant de sa main droite un bijou.

Dessin à la plume, lavis d'encre de Chine et rehauts de sanguine.

Haut., 26 cent. 1/2 ; larg., 19 cent.

Cadre ancien en bois sculpté doré.

Ce portrait a longtemps passé pour être celui de Marie de Médicis.

CHAMPAGNE
(PHILIPPE DE)

94 — *Étude pour une « Vierge tenant l'Enfant Jésus ».*

Elle est assise de trois quarts à gauche, le visage tourné vers la droite, et tient l'Enfant Jésus, assis sur ses genoux. Une étude de la tête de la Vierge, de profil à gauche.

Dessin à la sanguine, crayon noir et crayon blanc. A été mis au carreau.

Haut., 42 cent. 1/2 ; larg., 31 cent.

Cadre ancien en bois sculpté peint.

Cabinet Vien.
Vente Defer-Dumesnil (10-12 mai 1900), n° 122.

COCHIN le Fils
(CHARLES-NICOLAS)
Paris, 1715 † Paris, 1790.

95 — *Faune et enfants dansant.*

Contre-épreuve d'un dessin à la sanguine.

Haut., 26 cent. 1/2; larg., 17 cent.

Cadre doré.

A été gravé par Prévost.

COCHIN le Fils
(CHARLES-NICOLAS)

96 — *Faune*
conduisant une farandole d'enfants.

Contre-épreuve d'un dessin à la sanguine.

Haut., 26 cent. 1/2; larg., 17 cent.

Cadre doré.

A été gravé par Choffard.

COUSTOU
(NICOLAS)
Lyon, 1658 † Paris, 1733.

97 — *Descente de Croix*
exécutée par N. Coustou,
placée dans le chœur de Notre-Dame.

Dessin à la plume, lavis d'encre de Chine et de sépia.

Haut., 44 cent.; larg., 28 cent. 1/2.

Cadre ancien en bois sculpté doré.

Vente H. Destailleur (12-23 mai 1896), n° 585.
Exposition Universelle de 1900 : Exposition rétrospective de la Ville de
Paris, n° 71.

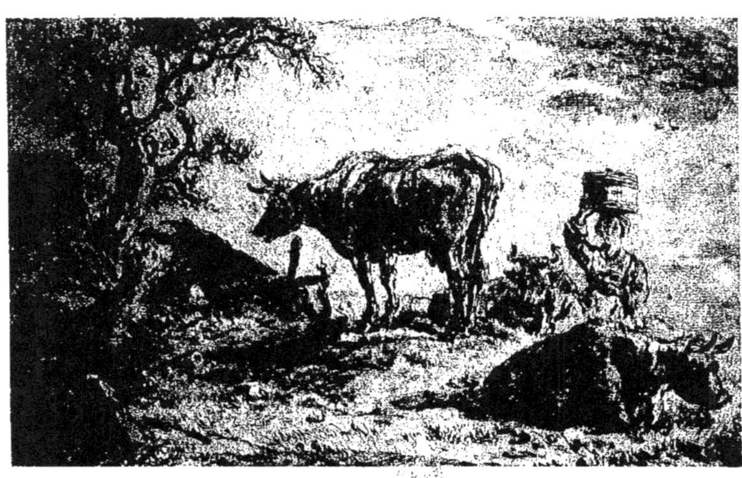

99

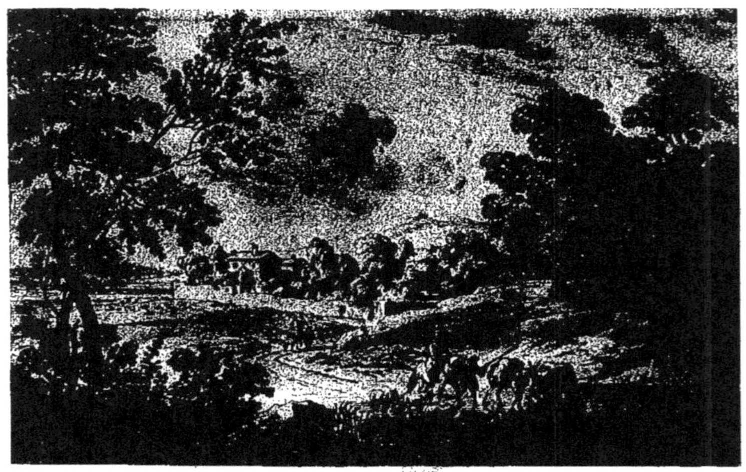

Hélio Lith. Marotte Paris

111

CUYP
(ALBERT)
Dordrecht, 1620 † Dordrecht, 1691.

98 — *Pâtre gardant un troupeau de vaches.*

Il est assis à gauche, vu de dos, un bâton à la main.
Dessin à la plume, lavis d'encre de Chine.

Haut., 13 cent.; larg., 21 cent.

Cadre ancien en bois sculpté ciré.

CUYP
(ALBERT)

99 — *Trois Vaches au pâturage.*

Près d'une chaumière, à l'abri d'un grand arbre, une vache
est debout et deux autres couchées. Une paysanne s'avance
entre elles portant un baquet sur sa tête.
Dessin au crayon et lavis.
Signé à gauche, au-dessous d'un tronc coupé.

Haut., 15 cent. ; larg., 22 cent. 1/2.

Cadre ancien en bois sculpté doré.

DANLOUX
(HENRI-PIERRE)
Paris, 1753 † Paris, 1809.

100 — *Portrait de femme.*

En buste, de trois quarts à gauche, coiffée d'un bonnet
tuyauté, à ruban.
Dessin ovale au crayon noir, lavis d'encre de Chine et rehauts
de gouache.

Haut., 21 cent. 1/2 ; larg., 17 cent.

Cadre doré.

DECKER
(CORNELIS)
? † Haarlem, 1678.

101 — *Chaumière à la lisière d'un bois.*

Près de la chaumière, qui est à gauche, un groupe de paysans causent avec un cavalier qui s'est arrêté et se tient à la tête de son cheval. Au fond, la lisière du bois.

Dessin au crayon et lavis d'encre de Chine.

Signé des initiales : *C. D.*

Haut., 21 cent ; larg., 32 cent.

Cadre doré.

DESCAMPS
(JEAN-BAPTISTE)
Dunkerque, 1706 † Paris, 1791.

102 — *Dame de qualité.*

Elle est assise de profil, vêtue d'une robe à paniers.

Dessin au crayon noir avec rehauts de blanc, sur papier gris.

Haut., 25 cent.; larg., 18 cent. 1/2.

Cadre ancien en bois sculpté doré.

DESCAMPS
(JEAN-BAPTISTE)

103 — *Tête de femme.*

De profil à droite.

Dessin au crayon et lavis.

Haut., 12 cent.; larg., 9 cent. 1/2.

Cadre ancien en bois sculpté doré.

DIEPENBECK
(ABRAHAM VAN)
Bois-le-Duc, 1596 † Anvers, 1675.

104 — *Un Jeune Seigneur.*

Vu à mi-corps, de trois quarts à droite, s'appuyant d'une main sur le dossier d'une chaise et de l'autre relevant son manteau.

Dessin au crayon noir et rehauts de blanc, sur papier gris.

Haut., 26 cent.; larg., 19 cent.

Cadre ancien en bois sculpté doré.

Vente Defer-Dumesnil (10-12 mai 1900), n° 63.

DIETRICH
(CHRISTIAN-WILHELM-ERNST)
Weimar, 1712 † Dresde, 1774.

105 — *Personnage costumé à l'orientale.*

Debout, tourné vers la gauche, il s'appuie sur un bâton.
Dessin à la plume.
Signé et daté en bas, à gauche : *1730.*

Haut., 16 cent.; larg., 14 cent.

Cadre ancien en bois sculpté doré.

DOES le Vieux
(JAKOB VAN DER)
Amsterdam, 1623 † Sloten, 1673.

106 — *Troupeau en marche.*

Des moutons et des chèvres, conduits par une bergère, montée sur un âne, et un berger tenant un bâton, s'avancent sur la route. A gauche, un pâtre se désaltère à une fontaine.
Dessin à la plume et lavis.

Haut., 18 cent. 1/2 ; larg., 16 cent.

Cadre ancien en bois sculpté doré.

Vente Defer-Dumesnil (10-12 mai 1900), n° 65.

DOLCI
(CARLO)
Florence, 1616 † Florence, 1686.

107 — *Tête d'enfant.*

Penchée de gauche à droite, les épaules nues.
Dessins à plusieurs crayons.

Haut., 21 cent.; larg., 19 cent.

Cadre ancien en bois sculpté peint et doré.

DOWMANN
(Attribué à JOHN)
? † Wrexham, 1824.

108 — *La Lettre.*

Une dame vue à mi-corps, assise dans un parc, lit une lettre.
Dessin de forme ovale, au lavis d'encre de Chine et d'aquarelle.
Signature et date : *1797.*

Haut., 22 cent.; larg., 18 cent.

Cadre en bois sculpté doré.

DREIBHOLTZ
(CHRÉTIEN-LOUIS)
Utrecht, 1799 † Utrecht, 1874.

109 — *Estuaire d'un fleuve.*

Des navires à voiles se dirigent vers la mer. Au premier plan, à droite, un pêcheur.
Dessin à la plume et lavis.
Signé en bas, à gauche.

Haut., 8 cent. 1/2; larg., 13 cent. 1/2.

Cadre ancien en bois naturel.

DU GUERNIER le Jeune
(LOUIS)
Paris, 1614 † Paris, 1659.

110 — *« Portrait de François Tristan l'Hermite, gentilhomme de la Marche. »*

Dessin à la mine de plomb, en médaillon ovale.

Signé et daté, en haut, à gauche : *1648;* dans le bas, l'inscription relevée ci-dessus.

Haut., 14 cent. 1/2 ; larg., 10 cent. 1/2.

Cadre ancien en bois sculpté doré.

DU JARDIN
(KAREL)
Amsterdam, 1622 † Venise, 1678.

111 — *Le Gué.*

Dans un paysage boisé, au premier plan à droite, un pâtre, accompagné d'une femme à cheval, pousse devant lui son bétail et traverse un gué. Dans le fond, une habitation entourée de murs.

Dessin au lavis d'encre de Chine.

Signée en bas, à droite.

Haut., 17 cent. 1/2 ; larg., 26 cent. 1/2.

Cadre ancien en bois sculpté doré.

Collection Furby.
Collection Desperet.

DU JARDIN
(KAREL)

112 — *Paysage.*

A l'ombre, au premier plan vers la gauche, quelques moutons sont au repos; à droite, les ruines d'un château féodal; au fond, colline surmontée d'un couvent.

Dessin au lavis d'encre de Chine.

Signé d'initiales en bas, à gauche.

Haut., 15 cent. 1/2; larg., 22 cent. 1/2.

Cadre ancien en bois sculpté doré.

DUMONSTIER
(DANIEL)
Paris, 1574 † Paris, 1646.

113 — *Portrait de femme.*

En buste, presque de face, corsage décolleté avec col de lingerie, elle est parée d'un double rang de perles.

En haut, à droite, on lit : *Ce mardi, 4 décembre 1632.*

Dessin aux deux crayons.

Haut., 45 cent.; larg., 33 cent.

Cadre ancien en bois sculpté doré.

DUMONT le Romain
(JEAN ou JACQUES)
Paris, 1701 † Paris, 1781.

114 — *Diane et une de ses suivantes.*

Contre-épreuve d'un dessin à la sanguine, de forme ovale.

Haut., 52 cent. 1/2 ; larg., 44 cent.

Cadre doré.

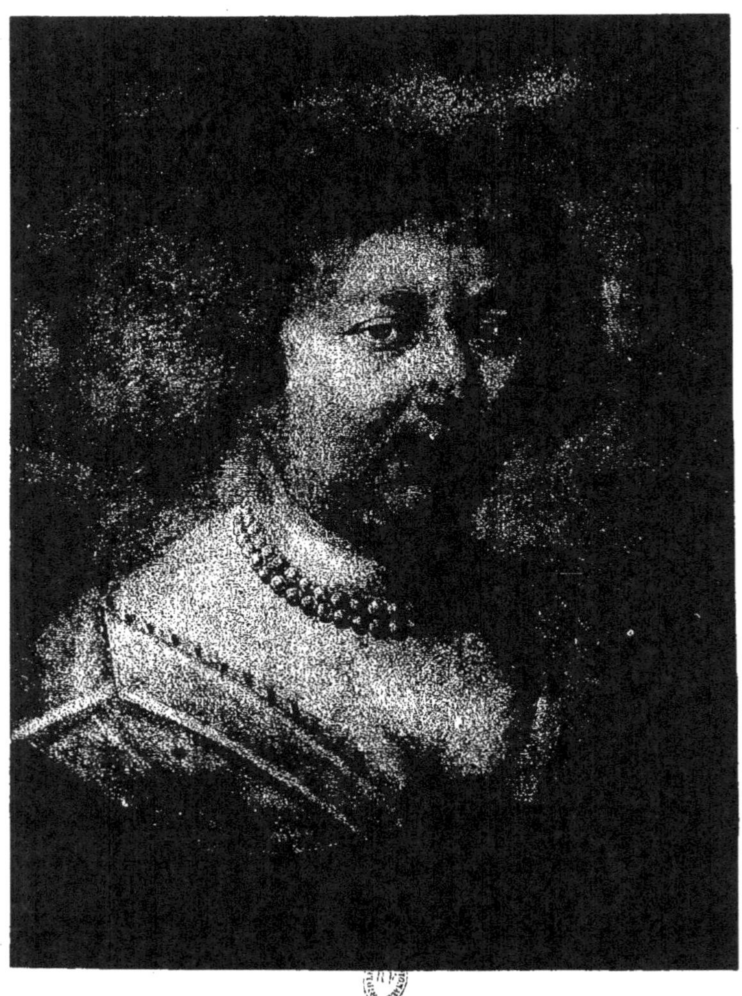

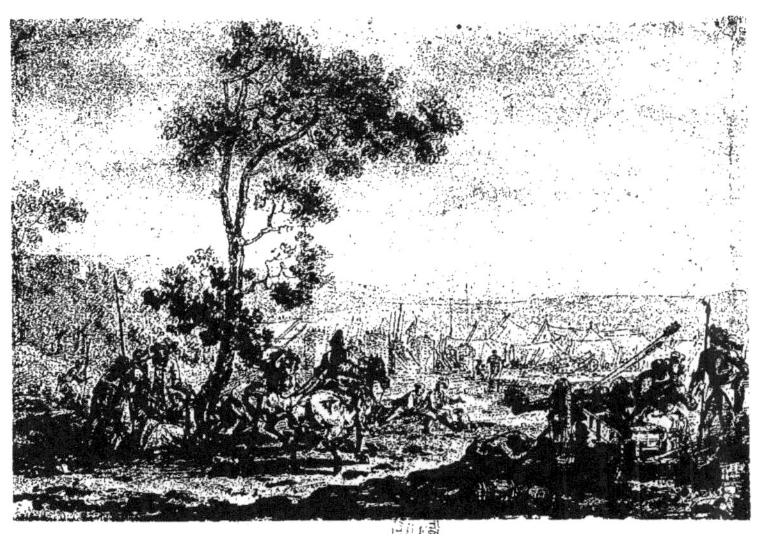

312

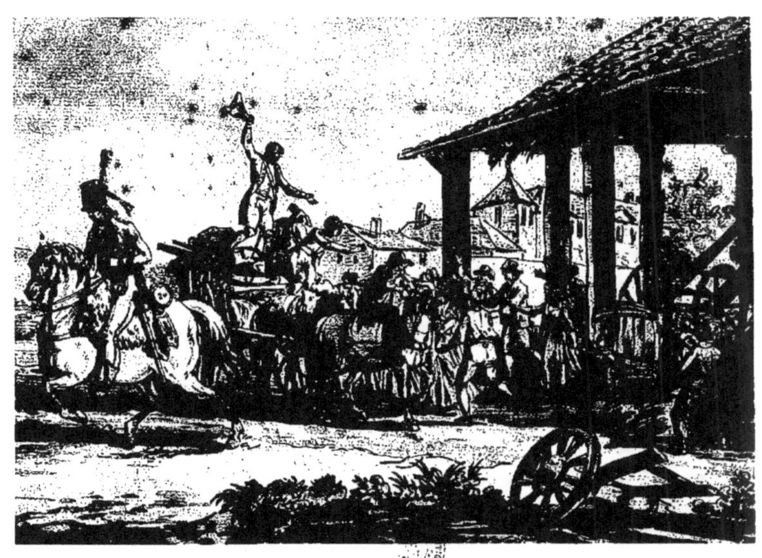

115

DUPLESSIS
(JOSEPH-SILFRÈDE)
Carpentras, 1725 † Versailles, 1802.

115 — *L'Arrivée au cantonnement.*

Un hussard s'avance sur la gauche, précédant une charrette
chargée d'objets de campement. A droite, un marché couvert;
dans le fond, le village.

Dessin à la plume et lavis d'encre de Chine.

Haut., 18 cent. 1/2; larg., 24 cent. 1/2.

Cadre doré.

DUSART
(CORNELIS)
Haarlem, 1660 † Haarlem, 1704.

116 — *Les Trois Fumeurs.*

A droite, un moine assis allume sa pipe; en face de lui,
un paysan, son verre en main; un troisième personnage est
accoudé sur le dossier d'une chaise, sa pipe à la bouche.

Dessin à l'aquarelle sur vélin.

Signé et daté en bas, à gauche : *1668.*

Haut., 10 cent.; larg., 8 cent. 1/2.

Cadre ancien mouluré en bois noir.

DUSART
(CORNELIS)

117 — *Le Marchand ambulant.*

Il porte un tonnelet sous son bras droit et un panier au bras gauche, se dirigeant à droite vers une maison basse, de laquelle une femme semble l'appeler.

Dessin à la plume et lavis de sépia.

Haut., 20 cent.; larg., 15 cent. 1/2.

Cadre ancien en bois sculpté doré.

Collection Edward V. Utterson.

DUSART
(CORNELIS)

118 — *Intérieur de cabaret.*

Trois hommes sont assis : l'un boit, un autre fume, un quatrième personnage entre, son chapeau à la main. Intérieur rustique.

Aquarelle.

Signée et datée en bas, à droite : *1690.*

Cachet de la collection Warwick.

Haut., 25 cent. 1/2; larg., 30 cent.

Cadre ancien en bois noir.

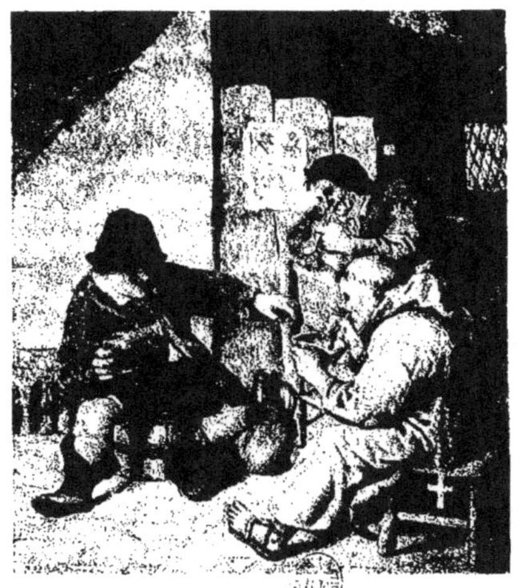

116

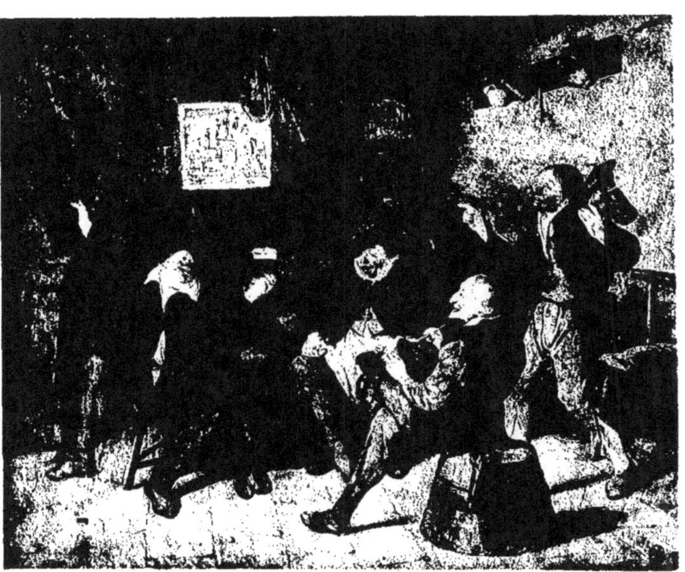

118

DUSART
(CORNELIS)

119 — *La Partie de cartes.*

Quatre joueurs sont assis autour d'une table; dans le fond,
le cabaretier apparaît portant un pot.
Dessin à la plume et lavis d'encre de Chine.
Signé et daté en haut, à gauche : *1679.*

Haut., 14 cent. 1/2; larg., 18 cent.

Cadre ancien en bois sculpté doré.

A été gravé.

DYCK
(ANTOINE VAN)
Anvers, 1599 † Blackfriars, 1641.

120 — *Portrait de Clarissimus Erycius.*
Puleanus historiographus regius, professor consiliarius, etc.

Représenté en buste devant un livre ouvert qu'il feuillette.
Dessin au crayon, rehaussé de lavis, sur papier bleuté.

Haut., 20 cent. 1/2; larg., 16 cent. 1/2.

Cadre ancien en ébène et écaille rouge.

A été gravé par Peter de Iode.

DYCK
(ANTOINE VAN.)

121 — *Le Christ en croix.*

A gauche la Vierge, à droite deux saintes femmes, sont au pied de la croix.

Dessin à la plume.

Haut., 34 cent. 1/2 ; larg., 23 cent.

Cadre ancien en bois sculpté doré.

ÉCOLE ESPAGNOLE
(xviie siècle.)

122 — *Tête d'enfant.*

De trois quarts à gauche et regardant de face.
Dessin à la sanguine.

Haut., 17 cent. ; larg., 14 cent. 1/2.

Cadre ancien en bois sculpté peint et doré.

ÉCOLE ESPAGNOLE
(xviie siècle.)

123 — *Religieuse en extase.*

Agenouillée, les bras étendus, deux anges tiennent une couronne au-dessus de sa tête.
Dessin au crayon noir sur papier bleu. A été mis au carreau.

Haut., 31 cent. 1/2 ; larg., 23 cent.

Cadre en bois sculpté naturel.

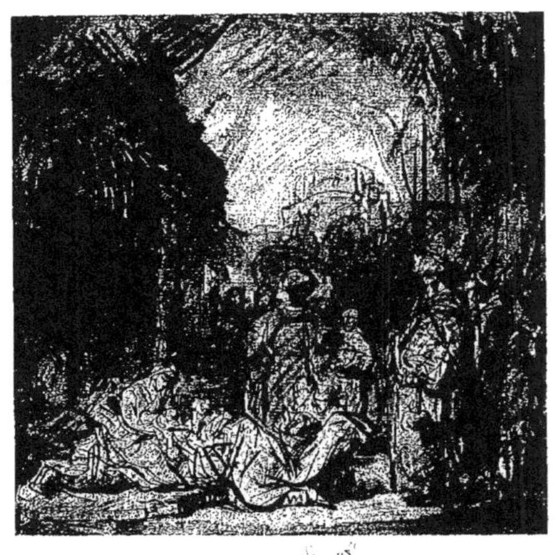

165

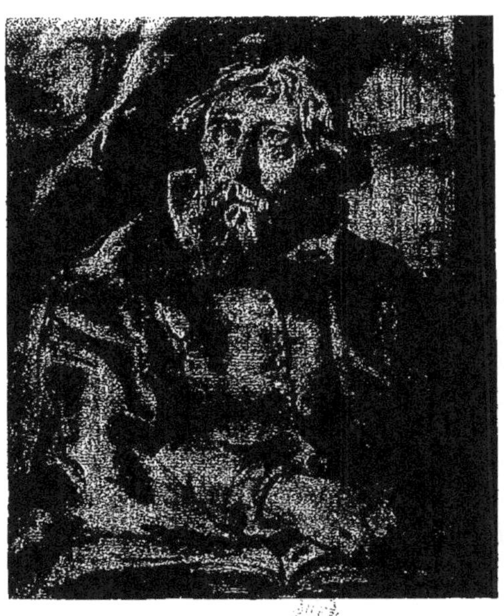

120

ÉCOLE FLAMANDE
(xviie siècle.)

124 — *Paysage traversé par une rivière.*

Une barque, chargée de passagers, suit le cours de la rivière,
à gauche. Un chariot s'éloigne sur la route, à droite ; et au
centre, un homme accompagné d'un enfant s'avance vers le
spectateur.
Dessin au lavis de sépia.

Haut., 28 cent. ; larg., 40 cent. 1/2.

Cadre doré.

ÉCOLE FLAMANDE
(xviie siècle.)

125 — *Une Vache* (étude).

Dessin aux deux crayons.

Haut., 21 cent. 1/2; larg., 32 cent. 1/2.

Cadre noir et or.

ÉCOLE FRANÇAISE
(xviie siècle.)

126 — *Paysage.*

A gauche, les ruines de colonnades antiques. Un homme est
adossé à l'une des colonnes. A droite, paysans et animaux.
Dessin au lavis rehaussé d'aquarelle.

Haut., 6 cent.; larg., 9 cent.

Cadre ancien en bois sculpté doré.

ÉCOLE FRANÇAISE
(xviie siècle.)

127 — *Étude d'homme.*

Debout, drapé, de trois quarts vers la gauche, dans une attitude méditative.

Dessin à la sanguine.

Haut., 37 cent.; larg., 14 cent. 1/2.

Cadre noir.

ÉCOLE FRANÇAISE
(xviie siècle.)

128 — *Siège d'une ville.*

Au premier plan, une mêlée de cavalerie; au fond, un vaste camp garni de troupes; sur la droite, les remparts.

Dessin au lavis d'encre de Chine.

Haut., 23 cent. 1/2; larg., 36 cent. 1/2.

Cadre en bois sculpté, doré.

ÉCOLE FRANÇAISE
(xviie siècle.)

129-130 — *Études pour la sculpture.*

Deux dessins au crayon et rehauts de blanc, sur papier gris.

Haut., 25 cent.; larg., 37 cent. 1/2.
Haut., 18 cent. 1/2; larg., 19 cent.

Cadres anciens en bois peint gris.

ÉCOLE FRANÇAISE
(xviiᵉ siècle.)

131 — *Portrait de Mᵉ René Chasteau,*
Avocat au Parlement.

Dessin en médaillon ovale, avec encadrement et tablette, au crayon, sur vélin.

Haut., 23 cent. 1/2; larg., 17 cent. 1/2

Cadre ancien en bois sculpté, doré.

ÉCOLE FRANÇAISE
(xviiᵉ siècle.)

132 — *Portrait de Messire P. Grassin,*
Directeur général des monnoyes de France.

Buste de trois quarts à droite.
Dessin en médaillon ovale à la sanguine.

Haut., 24 cent. 1/2; larg., 20 cent.

Cadre ancien en bois sculpté, doré.

ÉCOLE FRANÇAISE
(xviiᵉ siècle.)

133 — *Portrait d'homme.*

Buste de trois quarts à gauche.
Dessin de forme ovale à la sanguine.

Haut., 22 cent.; larg., 18 cent. 1/2.

Cadre ancien en bois sculpté, doré.

ÉCOLE FRANÇAISE
(xvɪɪᵉ siècle.)

134 — *Portrait de jeune femme.*

En buste, de trois quarts à droite, vêtue d'une robe à corsage décolleté s'attachant sur la poitrine par des nœuds de ruban. La chevelure est parée d'une coiffe et le col d'un rang de perles.
Dessin aux crayons de couleur.

Haut., 29 cent.; larg., 21 cent.

Cadre ancien en bois sculpté, doré.

ÉCOLE FRANÇAISE
(xvɪɪɪᵉ siècle.)

135 — *Buste de jeune femme.*

Esquisse pour un portrait en miniature.
Dessin au crayon de forme ronde.

Diam., 7 cent.

Cadre doré.

ÉCOLE FRANÇAISE
(xvɪɪɪᵉ siècle.)

136 — *Personnage assis et debout* (deux études).

Dessin au crayon et rehauts de blanc.

Haut., 29 cent. 1/2 ; larg., 23 cent. 1/2.

Cadre doré.

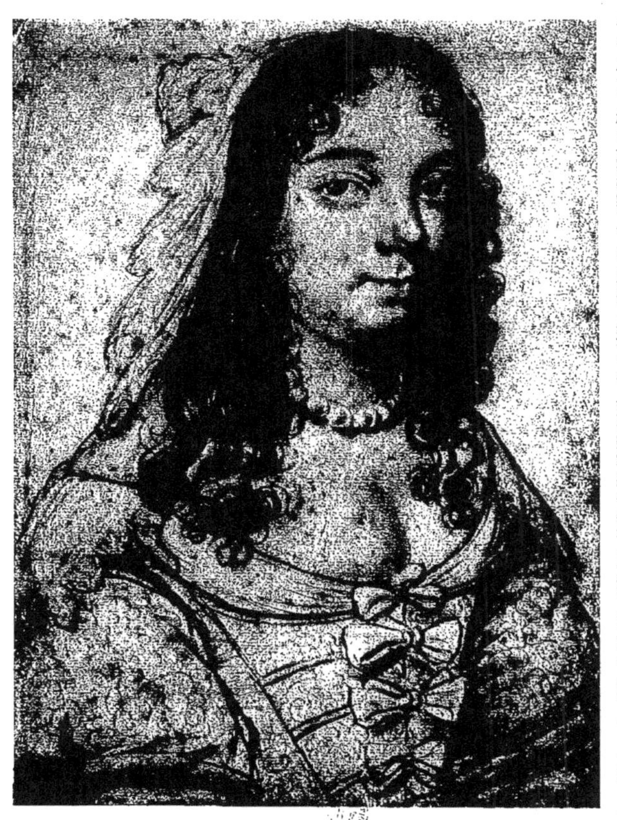

Héflio Léon Marotte Paris

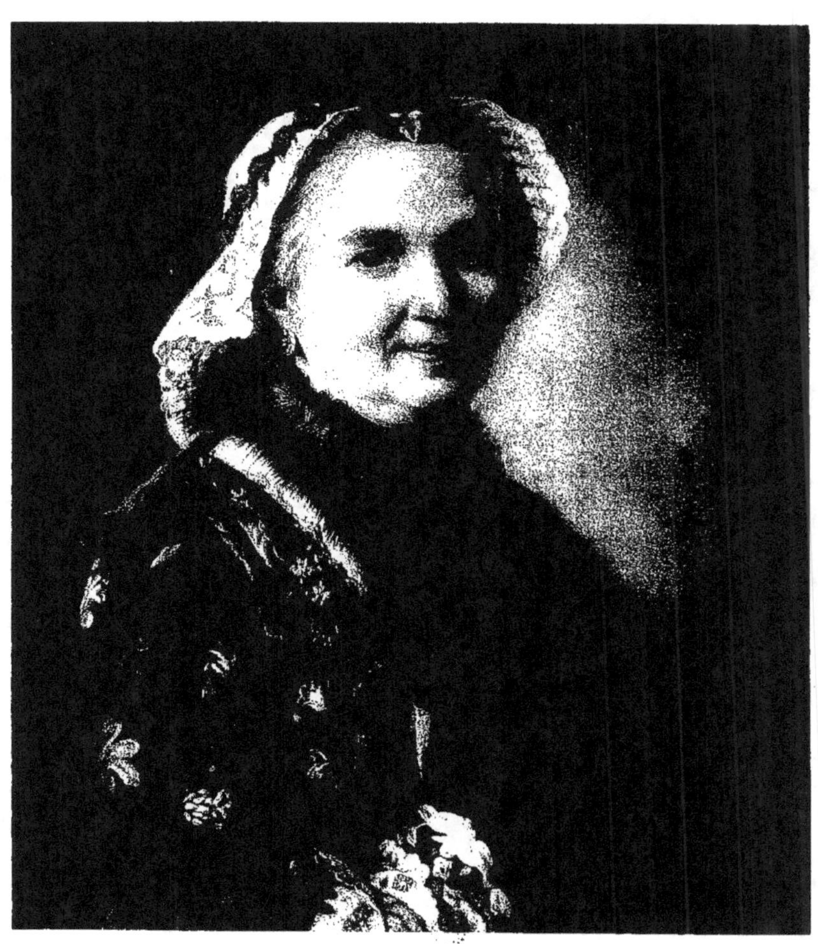

ÉCOLE FRANÇAISE
(xviiie siècle.)

137 — *Portrait de femme.*

En buste, de trois quarts à droite, vêtue d'un corsage brodé à collet de fourrure. Elle est coiffée d'un bonnet de dentelle. Pastel.

Haut., 59 cent.; larg., 49 cent.

Cadre en bois sculpté doré.

ÉCOLE FRANÇAISE
(xviiie siècle.)

138 — *Sujet galant.*

Dessin à l'aquarelle, rehaussé de gouache, avec applications de soie et de paille.

Haut., 27 cent. ; larg., 20 cent. 1/2.

Cadre doré.

ÉCOLE FRANÇAISE
(xviiie siècle.)

139 — *L'Offre galante.*

Un jeune berger présente à une jeune fille, assise près de lui, une corbeille de fruits.

Contre-épreuve d'un dessin à la sanguine.

Haut., 27 cent. 1/2 ; larg., 36 cent.

Cadre ancien en bois sculpté doré.

ÉCOLE FRANÇAISE
(xviiie siècle.)

140 — *Jardinier et jardinière.*

Tous deux debout, en pied, et se faisant face. Modèles de biscuits de Sèvres.

Deux dessins aux trois crayons sur la même feuille de papier bleuté.

Haut., 30 cent. ; larg., 36 cent.

Cadre ancien en bois sculpté doré.

ÉCOLE FRANÇAISE
(xviiie siècle.)

141 — *Jeune Femme nue.*

Vue à mi-corps, de profil à gauche.

Dessin à la sanguine, de forme ovale.

Haut., 9 cent. ; larg., 6 cent. 1/2.

Cadre doré.

ÉCOLE FRANÇAISE
(xviiiᵉ siècle.)

142 — *Le Bac.*

Contre-épreuve d'un dessin à la sanguine.

Haut., 17 cent.; larg., 24 cent.

Cadre doré.

ÉCOLE FRANÇAISE
(xviiiᵉ siècle.)

143 — *Projet de statue allégorique.*

Femme assise de trois quarts à droite; près d'elle, un coffre ouvert.

Dessin au crayon rehaussé de blanc. A été mis au carreau.

Haut., 41 cent.; larg., 28 cent. 1/2.

Cadre doré.

ÉCOLE FRANÇAISE
(xviiiᵉ siècle.)

144 — *Projet de statue.*

Femme debout drapée, la tête inclinée vers la droite.
Dessin à la sanguine.

Haut., 39 cent. 1/2; larg., 22 cent. 1/2.

Cadre en bois sculpté partiellement doré.

ÉCOLE FRANÇAISE
(xviiiᵉ siècle.)

145 — *Portrait d'homme.*

De profil à gauche, dans un médaillon rond avec tablette.
Dessin à la mine de plomb.
Signé (illisible) et daté en bas, au centre : *1786.*

Haut., 20 cent.; larg., 14 cent. 1/2.

Cadre ancien en bois sculpté doré.

ÉCOLE HOLLANDAISE
(xviiᵉ siècle.)

146 — *Paysage.*

La rivière passe au premier plan et se perd à l'horizon à
gauche ; des chaumières et des arbres se trouvent sur l'autre
rive, au centre et à droite.
Dessin au lavis de sépia.

Haut., 18 cent. 1/2; larg., 27 cent. 1/2.

Cadre ancien en bois sculpté doré.

ÉCOLE HOLLANDAISE
(xviiᵉ siècle.)

147 — *Paysage.*

En avant d'un arc envahi de verdure, un pâtre est assis,
gardant son troupeau. Au fond, un cours d'eau s'écoulant en
cascade.
Dessin au lavis d'aquarelle.

Haut., 31 cent.; larg., 27 cent.

Cadre ancien en bois doré.

ÉCOLE HOLLANDAISE
(xvii* siècle.)

148 — *Paysage.*

Sur le bord d'une rivière, à droite, un berger et une bergère sont assis, surveillant leurs animaux. Sur un monticule, à gauche, une habitation.

Dessin à la sanguine.

Cachet de collection.

Haut., 19 cent. 1/2 ; larg., 27 cent.

Cadre ancien en bois sculpté doré.

ÉCOLE HOLLANDAISE
(xviie siècle.)

149 — *Château au bord d'un fleuve.*

Il est précédé de ses communs et d'une passerelle qui y donne accès du fleuve.

Dessin à la plume et lavis d'aquarelle.

Haut., 11 cent. 1/2 ; larg., 14 cent. 1/2.

Cadre ancien en bois sculpté doré.

ÉCOLE HOLLANDAISE
(xviie siècle.)

150 — *Paysage.*

Au bord d'une rivière, un enclos de barrière sur un terrain plat ; au fond, un village dominé par un moulin. En haut, à droite, une indication manuscrite.

Dessin à la plume et lavis d'aquarelle.

Haut., 9 cent. 1/2 ; larg., 16 cent.

Cadre ancien en bois sculpté naturel.

ÉCOLE HOLLANDAISE
(xviie siècle.)

151 — *Paysage.*

Au tournant d'une route sinueuse, trois arbres inclinent leurs branches sous l'effort du vent. A droite, deux chaumières. Lointain à peine indiqué.

Dessin au crayon et lavis d'encre de Chine.

Haut., 3o cent.; larg., 42 cent.

Cadre doré.

ÉCOLE HOLLANDAISE
(xviie siècle.)

152 — *Marine.*

Sur une mer houleuse et sous un ciel chargé de nuées, des barques sont poussées par le vent vers l'entrée du port marquée par l'extrémité de l'estacade que l'on voit à gauche.

Dessin à la plume et lavis d'encre de Chine.

Haut., 17 cent. 1/2 ; larg., 29 cent.

Cadre ancien en bois sculpté doré.

ÉCOLE HOLLANDAISE
(xviie siècle.)

153 — *Pauvresse assise.*

De trois quarts à gauche, assise sur une chaise paillée, le pied gauche posé sur une chaufferette.

Dessin à la sanguine.

Haut., 23 cent. 1/2; larg., 15 cent. 1/2.

Cadre ancien en bois sculpté doré.

ÉCOLE HOLLANDAISE
(xvii* siècle.)

154 — *Paysage héroïque.*

Au centre, au premier plan, quatre personnages assis ou debout autour d'une roche; à droite, d'un chemin sous bois débouche un troupeau; à gauche, des habitations au pied d'une colline.

Dessin à la plume et lavis.

Haut., 16 cent.; larg., 19 cent. 1/2.

Cadre ancien en bois sculpté doré.

ÉCOLE HOLLANDAISE
(xvii° siècle.)

155 — *Village sous les arbres.*

Des chaumières sont à droite d'un chemin sur lequel s'avance un pâtre conduisant ses animaux; à gauche, un chien près d'une mare; à droite, un voyageur est assis.

Dessin au crayon et lavis d'encre de Chine.

Cachet de collection et numéro.

Haut., 32 cent ; larg , 46 cent.

Cadre ancien en bois sculpté doré.

ÉCOLE HOLLANDAISE
(xviii* siècle.)

156 — *Vues de ville aux bords de rivières.*

Deux dessins à la plume et lavis d'encre de Chine, dans le même cadre.

Haut., 11 cent. ; larg., 20 cent.

Cadre ancien en bois sculpté.

ÉCOLE ITALIENNE

(xvııᵉ siècle.)

157 — *La Circoncision.*

Dessin à la plume et lavis de sépia.

Haut., 23 cent.; larg., 20 cent.

Cadre ancien en bois sculpté doré.

ÉCOLE ITALIENNE

(xvııᵘ siècle.)

158 — *Étude.*

Dessin à la sanguine.

Haut., 18 cent.; larg., 15 cent. 1/2.

Cadre ancien en bois sculpté doré.

ÉCOLE ITALIENNE

(xvııᵉ siècle.)

159 — *Projet de fontaine.*

Homme luttant avec une Chimère.
Dessin à la sanguine.

Haut., 3o cent.; larg., 25 cent.

Cadre en bois sculpté doré.

ÉCOLE ITALIENNE

(xvııᵉ siècle.)

160 — *Mise au tombeau.*

Dessin à la plume et lavis de sépia.

Haut., 20 cent. 1/2; larg., 15 cent.

Cadre ancien en bois sculpté doré.

ÉCOLE ITALIENNE
(xviie siècle.)

161 — *La Vierge adorant l'Enfant Jésus.*

Debout, les mains jointes, derrière l'Enfant Jésus dormant.
Dessin au lavis de sépia.
Inscription manuscrite en bas, à droite.

Haut., 26 cent. 1/2 ; larg., 18 cent.

Cadre ancien, bois sculpté, peint marbre et doré.

ÉCOLE ITALIENNE
(xviie siècle.)

162 — *Saint François en extase.*

Le saint, agenouillé à gauche, voit lui apparaître la Vierge
tenant l'Enfant Jésus et entourée d'anges.
Dessin à la sanguine.

Haut., 24 cent. ; larg., 17 cent.

Cadre ancien en bois sculpté doré.

ÉCOLE ITALIENNE
(xviie siècle.)

163 — *La Circoncision.*

Esquisse d'une composition décorative.
Dessin à la plume et lavis de sépia.

Haut., 15 cent. ; larg., 39 cent. 1/2.

Cadre ancien en bois sculpté doré.

ÉCOLE VÉNITIENNE

(xviie siècle.)

164 — *Tête d'homme.*

Avec une longue barbe et les moustaches tombantes, presque
de face, légèrement tournée et inclinée à gauche; calotte posée
sur le côté droit du crâne.

Dessins aux crayons noir et blanc.

Haut., 32 cent. 1/2 ; larg., 26 cent. 1/2.

Cadre ancien en bois sculpté doré.

EECKHOUT

(GERBRAND VAN DEN)

Amsterdam, 1621 † Amsterdam, 1674.

165 — *L'Adoration des Mages.*

La Vierge, tenant le Divin Enfant, est assise au devant
d'une misérable étable. Les Mages sont devant elle; deux sont
agenouillés, le troisième debout.

Dessin à l'encre de Chine, lavis et sanguine.

Haut., 15 cent. 1/2 ; larg., 15 cent.

Cadre ancien en bois sculpté doré.

FALCONET

(ÉTIENNE-MAURICE)

Paris, 1716 † Paris, 1791.

166 — *Projet de groupe.*

Un génie couronnant une figure de femme aux pieds de
laquelle est un amour.

Dessin à la sanguine.

Haut., 32 cent.; larg , 22 cent.

Cadre doré.

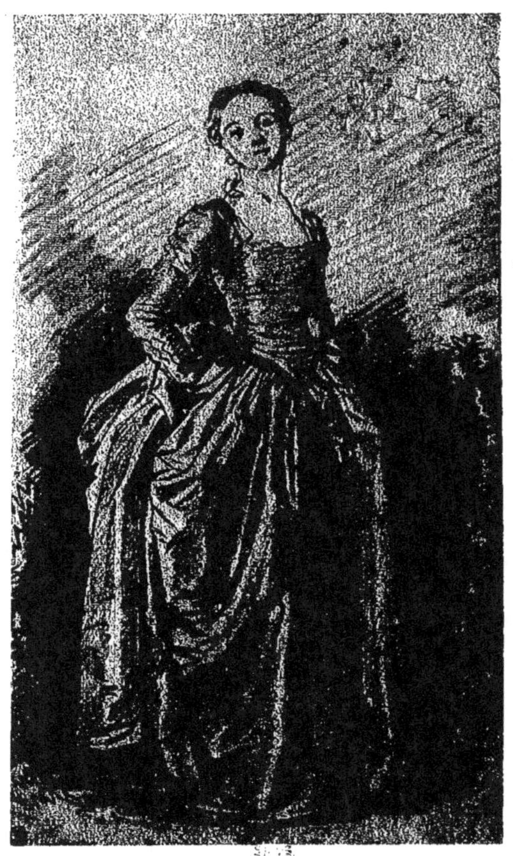

Hélio. Leroy Maurette Paris

FRAGONARD
(JEAN-HONORÉ)
Grasse, 1732 † Paris, 1806.

167 — *La Coquette.*

Debout, de face, les mains aux hanches, soutenant son
ample jupe plissée autour de sa taille.
Dessin à la sanguine.

> Haut., 34 cent.; larg., 21 cent.

Cadre ancien en bois sculpté doré.

Reproduit dans *l'Œuvre de Fragonard*, par le baron Portalis, p. 240.

FRAGONARD
(Attribué à JEAN-HONORÉ)

168 — *Le Moulin.*

Au fond, une passerelle y conduit; à gauche, un groupe
de deux personnages, et à droite, un pêcheur relève son filet.
En bas, on lit : *A la Palisse.*
Dessin au lavis de sépia.

> Haut , 20 cent.; larg., 27 cent.

Cadre doré.

FRAGONARD
(Attribué à JEAN-HONORÉ)

169 — *Une Servante.*

De profil à gauche, elle tient de ses deux mains un plateau.

Croquis ovale à la sanguine.

Haut., 11 cent. ; larg., 14 cent. 1/2.

Cadre en bois sculpté doré.

FRAGONARD
(École de JEAN-HONORÉ)

170 — *Le Sacrifice d'Abraham.*

Dessin à la plume et lavis de sépia.

Haut., 28 cent.; larg., 41 cent.

Cadre doré.

GAINSBOROUGH
(THOMAS)
Sudbury, 1727 † ? 1788.

171 — *La Charrette.*

Au détour d'une route, un cavalier l'accompagne à gauche.
Au premier plan, à gauche, maisonnette dans les arbres.
Cachet en bas, à droite.

Haut., 20 cent.; larg., 28 cent.

Cadre ancien en bois sculpté doré.

GAMELIN
(JACQUES)
Carcassonne, 1738 † Carcassonne, 1803.

172 — *Combat antique.*

Devant un château se poursuit la mêlée. Au centre, un porte-enseigne excite les combattants.

Dessin de forme ronde, à la plume et lavis d'encre de Chine.

Diam., 15 cent. 1/2.

Cadre ancien en bois doré.

GELLÉE dit le Lorrain
(CLAUDE)
Chamagne, 1600 † Rome, 1682.

173 — *La Danse sous les arbres.*

A droite, au centre d'un hémicycle, un prêtre célèbre un sacrifice. En face, à gauche, un cortège de bacchantes dansent. Dans le fond, un lac.

Dessin à la plume et lavis.

Haut., 19 cent. 1/2; larg., 26 cent. 1/2.

Cadre ancien en bois sculpté doré.

GELLÉE dit le Lorrain
(CLAUDE)

174 — *Le Bouvier.*

Il est assis à gauche, sur un rocher, surveillant trois bœufs à l'abreuvoir, au pied d'un monticule sur lequel s'elève un vieux chêne.

Dessin à la plume et lavis de sépia.

Haut., 19 cent.; larg., 25 cent. 1/2.

Cadre ancien en bois sculpté doré.

GELLÉE dit le Lorrain
(Attribué à CLAUDE)

175 — *Paysage.*

Des arbres encadrent un lac et s'y reflètent. A droite, un chêne centenaire.
Dessin à la plume et lavis de sépia.

Haut., 16 cent. ; larg., 21 cent.

Cadre ancien en bois sculpté doré.

Collection Jean Gigoux, vente à Paris, les 20-25 mars 1882, n° 667 du catalogue.

GENOELS
(ABRAHAM)
Anvers, 1640 † Anvers, 1723.

176 — *Paysage héroïque.*

Trois pâtres sont assis sur un rocher, au premier plan.
Dessin à la plume.

Haut., 9 cent. 1/2.; larg., 16 cent.

Cadre ancien en bois sculpté doré.

Collection Charles Gasc.

GILLOT
(CLAUDE)
Langres, 1673 † Paris, 1722.

177 — *L'Enfance.*

Allégorie figurée par une figure de femme nue tenant une poupée et des petits bacchants jouant à des jeux divers.
Dessin à la sanguine, lavis et rehauts de blanc.

Haut., 21 cent.; larg., 15 cent.

Cadre ancien en bois sculpté doré.

Gravé dans la suite des *Ages de la Vie*.

GILLOT
(Attribué à CLAUDE)

178 — *L'Amateur de peinture.*

Composition satirique.

Dessin à la plume, à la sanguine, au lavis et rehauts d'aquarelle.

Haut., 20 cent.; larg., 19 cent.

Cadre ancien en bois doré.

Vente Léon Roux (20-22 mars 1903), n° 54.

GILLOT
(Attribué à CLAUDE)

179 — *Paysage.*

Il est animé de petites figures.
Dessin à la sanguine.

Haut., 16 cent. 1/2; larg.. 24 cent.

Cadre ancien en bois sculpté doré.

GILLOT
(Attribué à CLAUDE)

180 — *La Signature du contrat*
(scène de comédie).

Dessin à la plume.
En bas, à droite, une signature.

Haut., 16 cent.; larg., 21 cent. 1/2.

Cadre doré.

GOYEN
(JAN VAN)
Leyde, 1596 † La Haye, 1665.

181 — *La Parade à la foire.*

De nombreux curieux entourent l'estrade dressée en plein
vent. Un cavalier a arrêté sa monture pour jouir du spectacle.
Dessin au crayon noir et lavis.
Signé et daté : *V. G., 1650.*

Haut., 17 cent. 1/2; larg., 27 cent. 1/2.

Cadre ancien en bois sculpté doré.

GOYEN
(JAN VAN)

182 — *Port en rivière.*

A droite, sur la rive, des bateaux sont amarrés; au centre
de la composition s'élève une tour; à gauche, au premier plan,
un pêcheur dans sa barque.
Dessin à la pierre noire et lavis.
Signé et daté en bas, à droite : *1651.*

Haut., 11 cent,; larg., 20 cent.

Cadre ancien en bois sculpté et doré.

GOYEN
(JAN VAN)

183 — *Bord de rivière.*

Des bateaux sont amarrés à la rive sur laquelle s'élève, à
droite, un vieux manoir.
Dessin au crayon.

Haut., 8 cent. 1/2; larg., 14 cent.

Cadre ancien en bois sculpté doré.

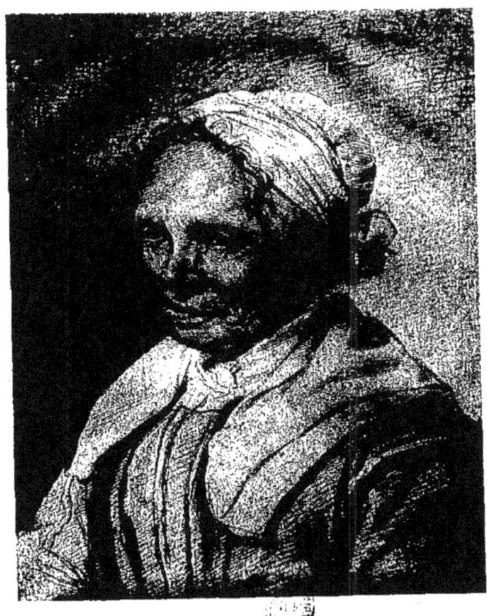

340

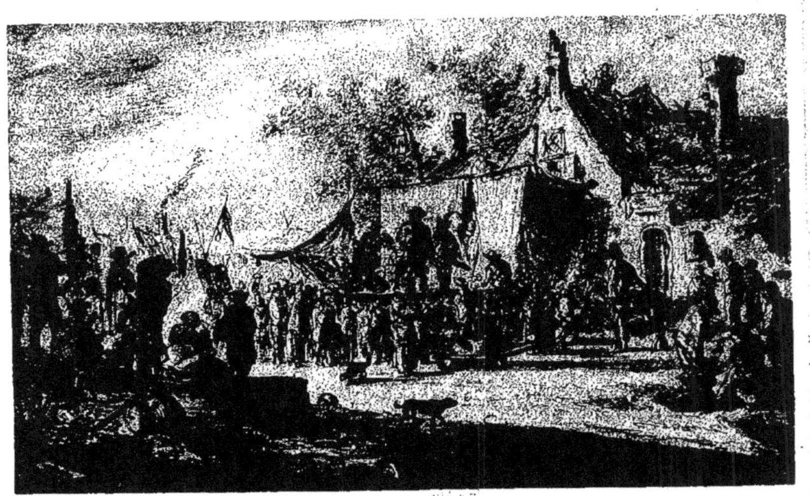

181

GRAVELOT
(HUBERT)
Paris, 1699 † Paris, 1773.

184 — *Compositions pour illustrer les « Chevaliers du Saint-Esprit ».*

Portraits en médailles des rois Henri III, Henri IV, Louis XIII, Louis XIV et Louis XV, entourés d'amours.
Cinq dessins à la plume et lavis de bistre.

Haut., 8 cent. 1/2; larg., 13 cent. 1/2.

Cadre en bois sculpté doré.

Collection Destailleur.

GRAVELOT
(Attribué à HUBERT)

185 — *Jeune Seigneur.*

Debout, vu de dos et regardant à gauche, les bras tendus en avant.
Dessin au crayon et à la sanguine.

Haut., 17 cent.; larg., 10 cent.

Cadre noir.

GUARDI
(FRANCESCO)
Venise, 1712 † Venise, 1793.

186 — *Cour de maison.*

Sous un appentis de bois, couvrant de son ombre le sol, quelques groupes de personnages circulent.
Dessin à l'aquarelle rehaussé de gouache.

Haut., 20 cent.; larg., 16 cent. 1/2.

Cadre doré.

GUARDI
(FRANCESCO)

187 — *San Giorgio Maggiore.*

Au premier plan, des barques; dans le fond, à gauche, l'île
de San Giorgio; à droite, la pointe de la Giudecca.
Aquarelle.

Haut., 26 cent.; larg., 42 cent. 1/2.

Cadre doré à canaux.

HAGEN
(JAN VAN DER)
La Haye, 1620 † 1669.

188 — *Paysage.*

Vaste plaine rayée de haies d'arbres. A droite, les silhouettes
d'un clocher et d'un moulin.
Dessin au lavis d'encre de Chine.

Haut., 17 cent. 1/2; larg., 24 cent.

Cadre ancien en bois doré.

HALS
(Attribué à FRANS)
Anvers, 1580 † Haarlem, 1666.

189 — *Étude pour l'un des tableaux intitulés*
« Le Joueur de Rommel Pot ».

Tête de l'homme vendant les « plaisirs » et têtes des enfants
qui l'entourent.
Dessin au crayon noir.

Haut., 36 cent. 1/2; larg., 29 cent. 1/2.

Cadre ancien en bois sculpté doré.

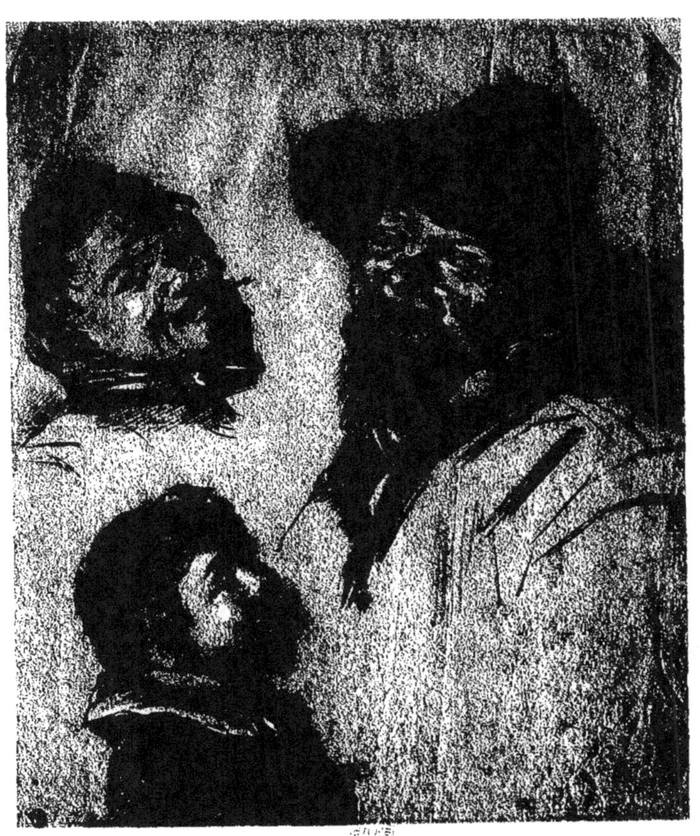

Hélio Léon Marotte Paris

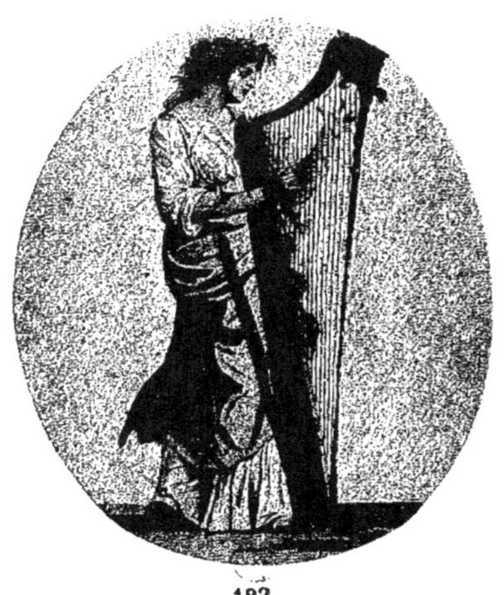

192

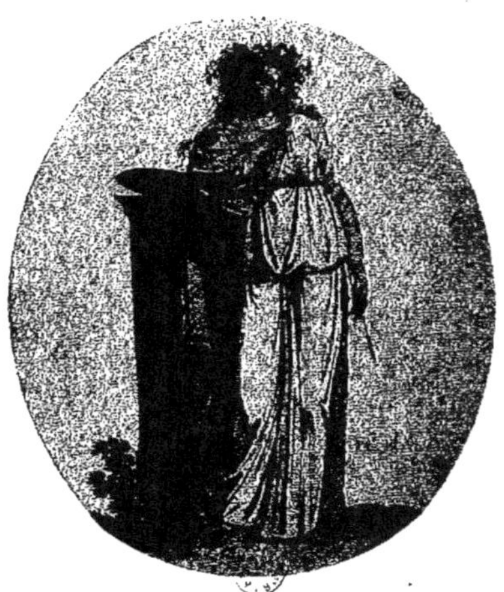

193

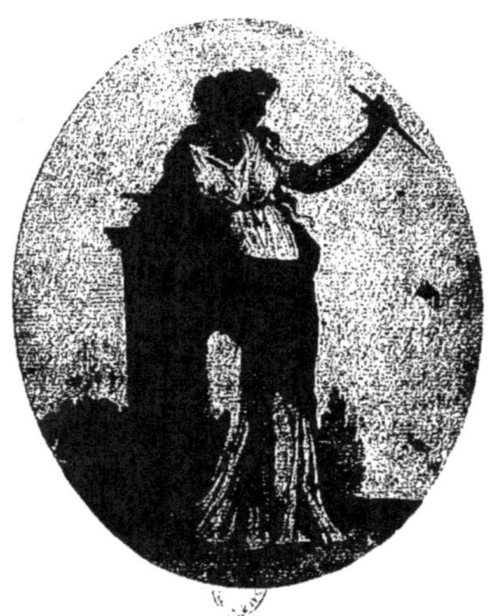

194

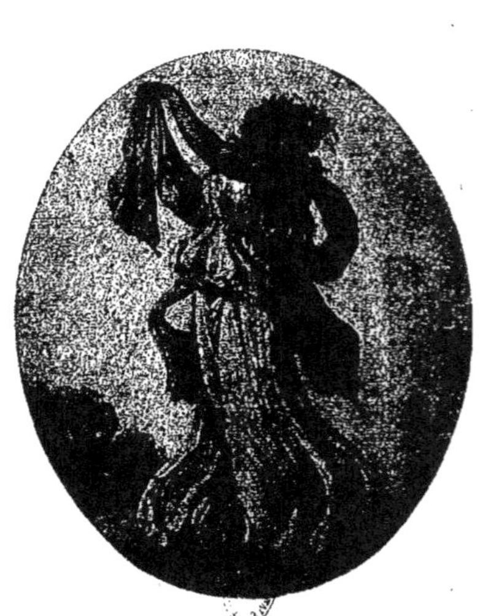

191

HALS

(Attribué à FRANS)

190 — *Tête de jeune garçon.*

De trois quarts à gauche, le visage souriant.
Dessin au crayon noir avec de légers rehauts de sanguine.

Haut., 23 cent. 1/2; larg., 19 cent.

Cadre ancien en bois sculpté doré.

HAMILTON

(WILLIAM)

Chelsea, 1751 † Londres, 1801.

191 à 194 — *La Danse. — La Musique. La Peinture. — La Tragédie.*

Suite de quatre compositions allégoriques sous les traits de femmes vêtues à l'antique.
Quatre dessins de forme ovale au lavis d'aquarelle.

Haut., 21 cent.; larg., 16 cent.

Beaux cadres anciens en bois sculpté, peint et doré.

HARDING
(SYLVESTRE)
Newcastle-under-Lyme, 1745 † Londres, 1809.

195 — *La Collation.*

Une jeune paysanne, assise au pied d'un arbre, prépare la collation à deux enfants placés de chaque côté d'elle. Le chien semble attendre sa part.

Aquarelle.

Signée et datée : *1772.*

Haut., 22 cent. 1/2 ; larg., 19 cent.

Cadre en bois sculpté doré.

HEINSIUS
(Attribué à JOHANN-ERNST)
Weimar, 1740 † Orléans, 1812.

196 — *Portrait de jeune femme.*

En buste, de face, vêtue d'un corsage décolleté fermé par un nœud de ruban orné d'un piquet de roses.

Dessin aux crayons de couleur et rehauts de blanc.

Haut., 49 cent.; larg., 40 cent.

Cadre ancien en bois sculpté doré.

HELST
(Attribué à BARTHOLOMEUS VAN DER)
Haarlem, 1611 † Amsterdam, 1670.

197 — *Portrait d'homme.*

En buste, de trois quarts à droite, le visage retourné de face; il porte autour du cou une fraise et sa poitrine est barrée d'un large ruban sur lequel s'appuie sa main gauche.

Dessin au crayon noir et lavis d'encre de Chine.

Haut., 22 cent.; larg., 30 cent.

Cadre en bois doré.

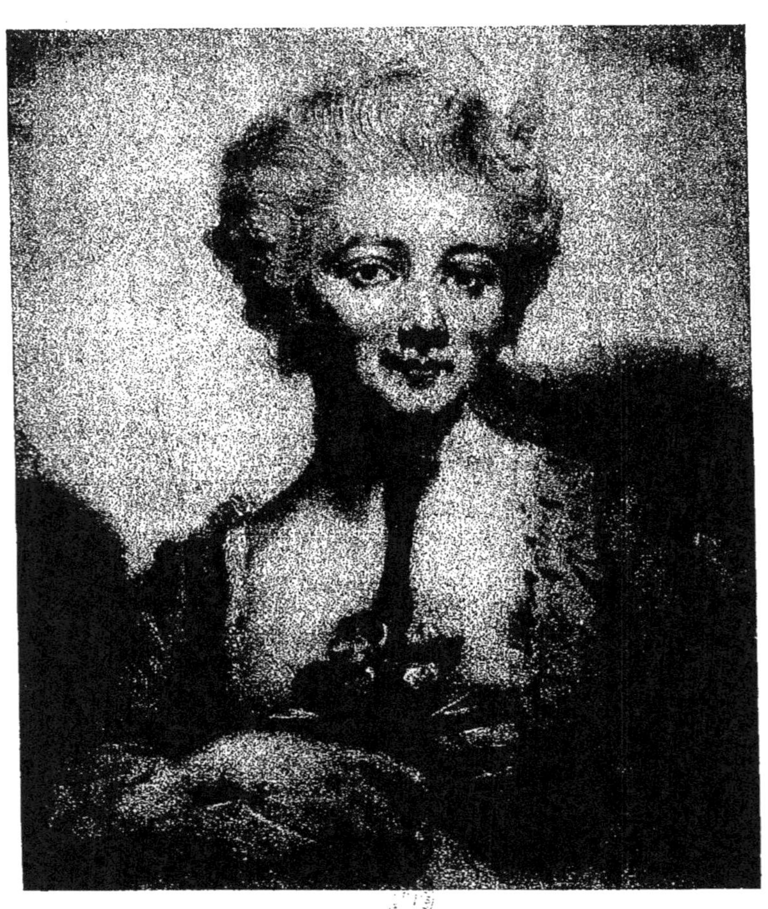

Hélio Léon Marotte Paris

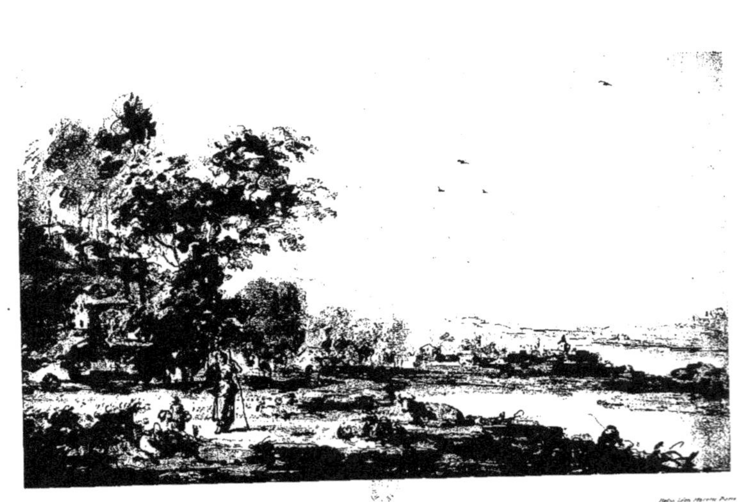

198

HEUSCH
(GUILLAUME DE)
Utrecht, 1638 + Utrecht, 1712.

198 — *Paysage.*

A droite, une rivière aux méandres sinueux que coupe une pointe de terrain boisé. A gauche, un groupe de trois personnages dont une bergère debout, s'appuyant sur un long bâton ; près du bord, des animaux au repos.

Dessin à la plume et lavis de sépia.

Haut., 30 cent. 1/2 ; larg., 50 cent. 1/2.

Cadre ancien en bois sculpté doré.

HEUSCH
(GUILLAUME DE)

199 — *Paysage.*

Longeant une nappe d'eau tranquille, un chemin sur lequel passent des animaux conduits par des pâtres ; vue de dos, une femme porte sur sa tête une corbeille. A gauche, une colline et des arbres.

Dessin à la plume et lavis d'encre de Chine.

Haut., 16 cent. ; larg., 22 cent. 1/2.

Cadre ancien en bois sculpté doré.

HOIN
(CLAUDE)
Dijon, 1750 + Dijon, 1817.

200 — *Tête de jeune femme.*

Les cheveux bouclés retombant sur la nuque, elle incline légèrement la tête vers la droite. Buste à peine indiqué.

Dessin au crayon noir relevé de sanguine et de blanc.

Haut., 39 cent. ; larg., 29 cent.

Cadre ancien en bois sculpté doré.

HONTHORST
(GÉRARD)
Utrecht, 1590 † Utrecht, 1656.

201 — *Joueur de tambour de basque.*

Il est appuyé sur son tambour, la figure riante, une épaule
découverte.

Dessin au crayon noir et légers rehauts de blanc sur
papier gris.

Haut., 30 cent.; larg., 20 cent.

Cadre ancien en bois sculpté doré.

Vente Defer-Dumesnil (10-12 mai 1900), n° 75.
A figuré en 1879 à l'Exposition de l'École des Beaux-Arts, n° 329.

JORDAENS
(JAKOB)
Anvers, 1593 † Anvers, 1678.

202 — *Le Mariage de la Vierge.*

Devant la Vierge et saint Joseph, qui la tient de la main
gauche, le prélat s'avance pour bénir leur union.

Dessin cintré du haut, au crayon noir, à la sanguine et relevé
d'aquarelle.

Signé en bas, à gauche.

Haut., 27 cent. 1/2; larg., 18 cent.

Cadre ancien en bois sculpté doré.

JORDAENS
(JAKOB)

203 — *Théorie d'anges.*

Ils soutiennent dans leur vol une guirlande de fruits.
Dessin à plusieurs crayons et lavis d'encre de Chine.
Signé en bas, à droite.

Haut., 27 cent.; larg., 23 cent.

Cadre ancien en bois sculpté doré.

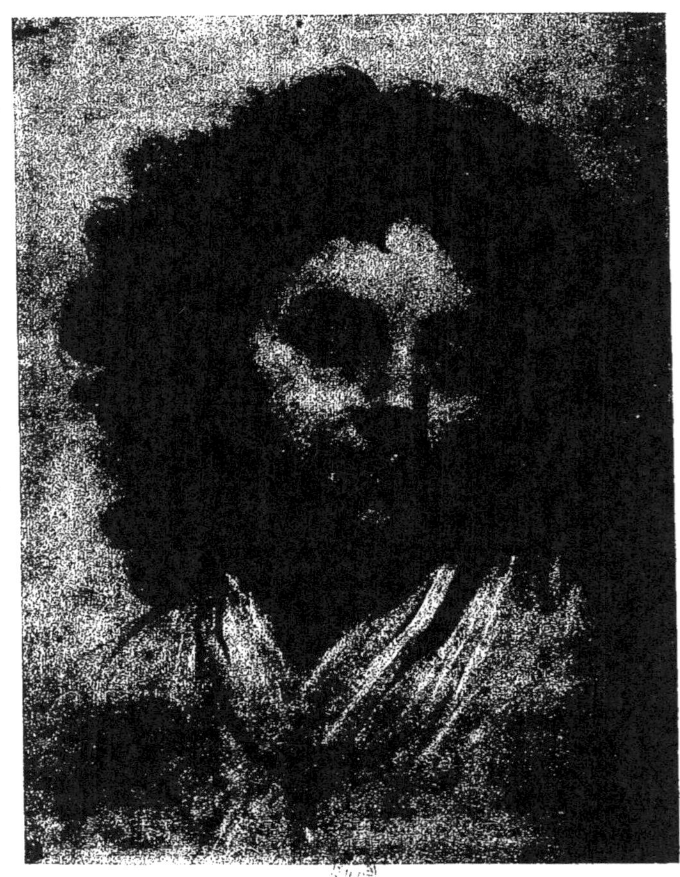

JORDAENS
(JAKOB)

204 — *Le Perroquet.*

Il est perché, le corps tourné à gauche, la tête au bec ouvert ramenée vers la droite.

Dessin à l'aquarelle.

Haut., 41 cent. 1/2 ; larg., 26 cent. 1/2.

Cadre ancien en bois sculpté doré.

KESSEL
(JAN VAN)
Anvers, 1626 † Anvers, 1679

205 — *Voyageurs sur une route.*

Un homme, entre une femme et un enfant; tous trois s'avancent entre des rochers et un vieil arbre. Dans le fond, le clocher d'un village.

Dessin au lavis d'encre de Chine et rehauts de sépia.

Haut., 21 cent.; larg., 31 cent.

Cadre doré.

Vente H. Lacroix (27-29 janvier 1903), n° 219.

KOBELL
(FERDINAND)
Mannheim, 1740 † Munich, 1799.

206 — *Paysage sous bois.*

Au bord d'un petit cours d'eau, encadré de hautes futaies, trois paysans sont assis.

Dessin au crayon noir.

Signé et daté en bas, à droite : *1771* (ou *1773*).

Haut., 19 cent.; larg., 29 cent.

Cadre ancien en bois sculpté doré.

Vente H. Lacroix (27-29 janvier 1903), n° 220.

KOBELL
(HENRI)
Rotterdam, 1751 † Rotterdam, 1779 ou 1782.

207 — *Marine.*

Sur une rade, des navires sont ancrés, dont un, vers la gauche, est incliné sur le flanc; à droite, trois hommes sont sur un radeau.

Aquarelle.

Signée et datée en bas, vers la gauche : *1773.*

Haut., 19 cent.; larg., 25 cent. 1/2.

Cadre ancien en bois sculpté doré.

KONINCK
(PHILIPPE DE)
Amsterdam, 1619 † Amsterdam, 1688.

208 — *Paysage hollandais.*

Une grande plaine à moitié couverte d'eau. Au premier plan, à droite, deux personnages. Dans le fond, à gauche, la silhouette de deux clochers. Oiseaux dans un ciel chargé de nuées.

Dessin à l'aquarelle.

Signé en bas, à droite.

Haut., 9 cent. 1/2; larg., 18 cent.

Cadre ancien en bois sculpté, de Bagard, de Nancy.

LAAR
(PETER VAN)
Haarlem, 1613 † 1673 ou 1674.

209 — *La Halte. — La Rencontre.*

Deux dessins, dans le même cadre, à la plume, lavis de bistre et rehauts de gouache, sur papier bleu.

Haut., 11 cent. 1/2; larg., 14 cent.

Cadre ancien en bois sculpté doré.

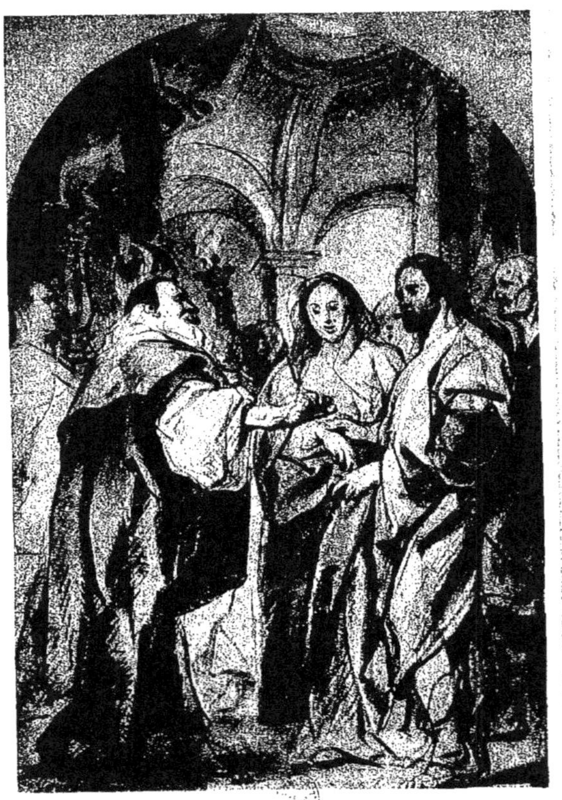

Hélio Léon Marotte Paris

LANGENDYCK
(DYRCK)
Rotterdam, 1748 † 1805.

210 — *Un Convoi.*

Au premier plan, des paysans poussent devant eux un troupeau de bœufs; à l'arrière-plan, des cavaliers; au fond, la mer.

Dessin au lavis rehaussé d'aquarelle.

Haut., 13 cent.; larg., 18 cent.

Cadre ancien doré.

LARGILLIÈRE
(École de NICOLAS DE)
Paris, 1656 † Paris, 1746.

211 — *Portrait d'un magistrat.*

En buste, de trois quarts à droite, le visage presque de face.
Dessin au crayon rehaussé de blanc, sur papier bleu.

Haut., 26 cent.; larg., 20 cent. 1/2.

Cadre en bois noir.

LE BAS
(JACQUES-PHILIPPE)
Paris, 1707 † Paris, 1783.

212 — *Les Oyes de frère Philippe.*

Illustration pour un conte de La Fontaine.
Dessin à la plume et lavis d'encre de Chine.

Haut., 11 cent. 1/2; larg., 16 cent. 1/2.

Cadre doré.

LE BRUN
(École de CHARLES)
Paris, 1619 † Paris, 1690.

213 — *Portrait d'un jeune seigneur.*

En buste, de trois quarts à droite, le visage de face, encadré de la grande perruque bouclée.

Dessin de forme ovale, aux crayons de couleur.

Haut., 24 cent.; larg., 18 cent. 1/2.

Cadre ancien en bois sculpté doré.

LE CLERC
(SÉBASTIEN)
Paris, 1637 † Paris, 1714.

214 — *Frontispice pour les*
« *Conversations de Mlle de Scudéry* ».

La galerie des glaces, à Versailles, animée de petits personnages.

Dessin au trait lavé de bistre.

Haut., 13 cent. 1/2 ; larg., 9 cent.

Cadre ancien en bois sculpté doré.

A été gravé.

Vente Léon Roux (20-29 avril 1903), n° 22.

Reproduit dans Gaston Brière : *Le Château de Versailles, architecture et décoration.* Paris, Librairie centrale des Beaux-Arts, 1909.

LE GUAY
(ÉTIENNE-CHARLES)
Sèvres, 1762 † ? 1840.

215 — *La Voiture d'enfants.*

Plusieurs enfants sont dans un chariot que d'autres poussent ou tirent.

Dessin au crayon et légers rehauts de lavis d'encre de Chine.

Haut., 16 cent. 1/2 ; larg., 23 cent.

Cadre ancien en bois sculpté doré.

LE GUAY
(ÉTIENNE-CHARLES)

216 — « *Faites le beau !* »

Deux jeunes femmes sont assises côte à côte sur le même fauteuil ; celle de droite tient sur ses genoux un enfant qui s'effraie à la vue d'un chien que l'autre femme fait dresser.
Dessin au crayon.

Haut., 16 cent. ; larg., 14 cent. 1/2.

Cadre en bois sculpté doré.

LE GUAY
(ÉTIENNE-CHARLES)

217 — *Le Soulier remis.*

Un jeune homme a mis un genou à terre devant une jeune femme pour lui rattacher le ruban de son soulier.
Dessin au crayon.

Haut., 16 cent. ; larg., 14 cent. 1/2.

Cadre en bois sculpté doré à fronton.

LE GUAY
(ÉTIENNE-CHARLES)

218 — *Chasse du Prince de Condé.*

Sur l'étang, devant le château, les chiens poursuivent le cerf ; à droite, le valet de chien sonne du cor près d'un groupe de personnages assistant au spectacle.
Dessin au crayon.
Signé en bas, à droite.
Étude pour une composition plus importante du maître.

Haut., 23 cent. ; larg., 36 cent.

Cadre doré.

LEMOYNE
(Attribué à J.-B.)

Paris, 1704 † Paris, 1778.

219 — *Un Fleuve* (allégorie).

Dessin à la sanguine et lavis de sépia.

Haut., 32 cent.; larg., 23 cent.

Cadre en bois sculpté doré.

LEONI
(OTTAVIO, dit LE PADOUAN)

Rome, 1578 † Rome, 1630.

220 — *Portrait de Don Pietro Aldobrandini.*

Représenté en buste, presque de face, le visage émergeant d'une large fraise tuyautée.

Dessin au crayon noir et rehauts de blanc.

Haut., 23 cent. 1/1; larg., 15 cent. 1/2.

Cadre ancien en bois sculpté doré.

Vente de dessins anciens (27-29 novembre 1876), nᵘ 135.

LÉPICIÉ
(NICOLAS-BERNARD)

Paris, 1735 † Paris, 1784.

221 — *La Petite Fille au bonnet.*

Vue en buste, presque de profil à gauche, en corsage décolleté, un ruban autour du col.

Dessin au crayon noir, rehaussé de blanc et de sanguine.

Haut., 19 cent. 1/2; larg., 16 cent. 1/2.

Cadre ancien en bois sculpté doré.

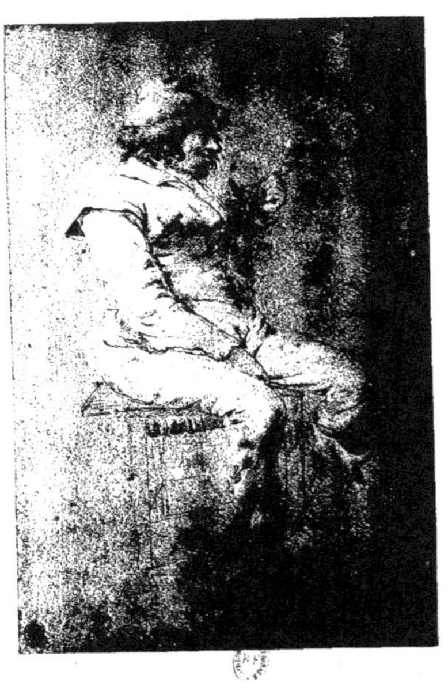

217

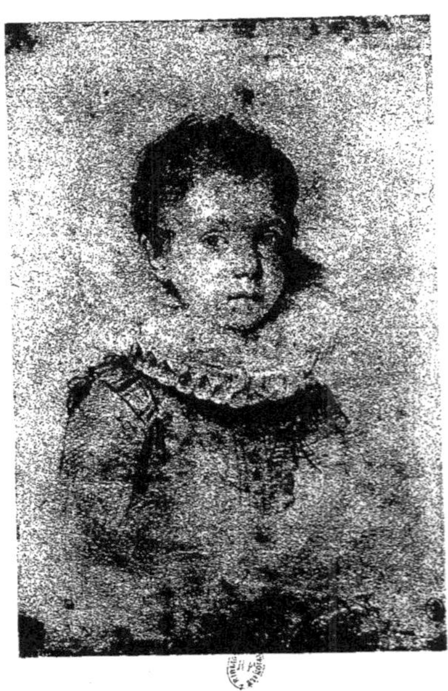

220

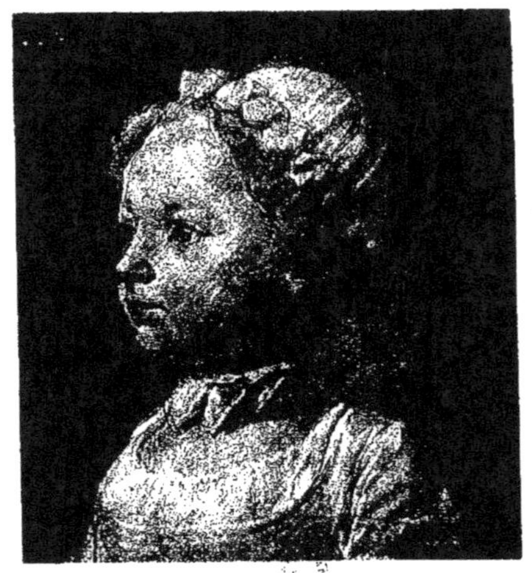

221

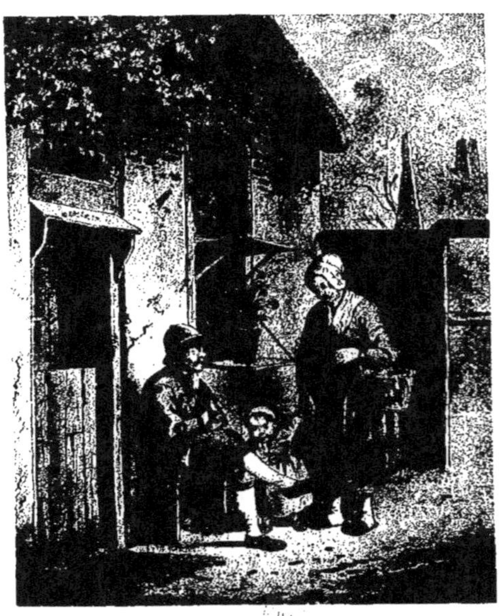

233

LESUEUR
(JACQUES-PHILIPPE)
Paris, 1759 † Paris, 1830.

222 — *Personnage en extase.*

Debout, tourné vers la gauche, les deux bras tendus en avant.

Dessin à la sanguine.

Haut., 42 cent.; larg., 26 cent. 1/2.

Cadre noir.

LIEVENS
(JEAN)
Leyde, 1607 † Amsterdam, 1674.

223 — *La Conversation.*

Cinq personnages causent debout, en deux groupes, coiffés de larges feutres et vêtus d'amples manteaux.

Dessin à la plume et lavis.

Haut., 13 cent. 1/2; larg., 16 cent,

Cadre ancien en bois sculpté doré.

LIEVENS
JEAN)

224 — *Ville au bord d'une rivière.*

Au centre, s'élève le vaisseau d'une église dominant les maisons environnantes. Au fond, à gauche, la campagne. Terrasse au premier plan, à droite.

Dessin à la plume lavé de sépia.

Signé en bas, au centre : *Jan Liven{e Fecet.*

Haut., 22 cent.; larg., 37 cent.

Cadre ancien en bois sculpté doré.

LIEVENS
(JEAN)

225 — *Paysage; bord de rivière.*

Devant un rideau de verdure, à gauche, quelques figures et
animaux ; dans le fond, la plaine à perte de vue.
Dessin à la plume.

Haut., 13 cent.; larg., 24 cent.

Cadre en bois sculpté doré.

LINGELBACH
(JAN)
Francfort, 1625 † Amsterdam, 1687.

226 — *Un Port.*

Un navire qu'on décharge est à quai. Un personnage
oriental, à cheval, à l'ombre de son parasol surveille les
débardeurs.
Dessin à la plume et lavis d'aquarelle.
Signé en bas, vers le milieu.

Haut., 24 cent.; larg., 33 cent.

Cadre en bois sculpté doré.

MARATTI
(CARLO)
Camerino, 1625 † Rome, 1713.

227 — *La Vierge soutenue par les anges.*
Étude pour un plafond.
Dessin à la sanguine de forme ronde.

Diam., 18 cent. 1/2.

Cadre ancien en bois sculpté doré.

MARÉCHAL
(Attribué à CHARLES-LAURENT)
École française, xviiiᵉ siècle.

228 — *Entrée de ville.*

Vers la droite, s'élève un pavillon en dôme, précédé d'un péristyle à quatre colonnes; à gauche, un portique demi-circulaire, ouvert, donne accès à un bois.
Dessin à l'encre de Chine.

Haut., 28 cent. 1/2; larg., 58 cent.

Cadre ancien en bois sculpté doré.

MARIESCHI
(GIACOMO)
Venise, 1711 † 1794.

229 — *Vue de Venise.*

Devant une maison, sont assis trois personnages causant; à gauche, une gondole à deux rameurs; dans le fond, la lagune.
Aquarelle.

Haut., 17 cent. 1/2; larg., 24 cent. 1/2.

Cadre doré.

MAYER
(H.)
École allemande, xviiᵉ et xviiiᵉ siècles.

230 — *Le Pont.*

Il traverse un cours d'eau pour conduire, à gauche, à une maison rustique encadrée d'arbres. Près du pont, deux pêcheurs.
Dessin au lavis de sépia.
Marque de collection.

Haut., 23 cent. 1/2; larg., 34 cent. 1/2.

Collection Schutlin.
Vente Calando (11-12 décembre 1899), nᵒ 134.

MERIAN
(MARIE-SYBILLE)
Francfort, 1647 † 1717.

231-232 — *Études d'insectes.*

Deux petites aquarelles.

Haut., 9 cent.; larg., 11 cent. 1/2.

Cadre ancien doré.

METZU
(GABRIEL)
Leyde, 1629 † Leyde, 1667.

233 — *La Conversation.*

Un homme, assis sur le pas de sa porte, cause avec une femme debout, tenant une petite fille par la main.
Dessin à l'aquarelle.
Signé en bas, à droite.

Haut., 14 cent. 1/2; larg., 11 cent. 1/2.

Cadre ancien en ébène.

MEULEN
(ADAM FRANS VAN DER)
Bruxelles, 1634 † Paris, 1690.

234 — *Siège de Douai, en 1667.*

« *Le Roi Louis XIV, estant dans la tranchée, un coup de canon*
« *tiré de la ville tue le cheval d'un garde du corps, proche la*
« *personne de Sa Majesté.* »
Dessin à la sanguine, avec l'inscription ci-dessus au dos.

Haut., 11 cent.; larg., 15 cent.

Cadre ancien en bois sculpté doré.

Vente van der Zande (avril 1855), n° 3016.
Vente J. Michelin (21-23 avril 1898), n° 308.

MIÉRIS
(WILHEM VAN)
Leyde, 1662 † 1747.

235 — *La Sieste.*

Assise dans un fauteuil, près d'une fenêtre ouverte, une dame s'est assoupie, tenant une pipe dans sa main droite.
Dessin au lavis d'encre de Chine.

Haut., 20 cent. 1/2; larg., 16 cent.

Cadre ancien en bois sculpté doré.

MILLET
(FRANCISQUE)
Anvers, 1644 † 1680.

236 — *Les Pèlerins d'Emmaüs.*

Ils suivent une route qui borde un lac dominé à gauche par une montagne. Un tombeau antique repose à l'ombre de deux pins parasols.
Dessin au lavis de sépia.

Haut., 26 cent. 1/2; larg., 21 cent.

Cadre ancien en bois sculpté doré.

MILLET
(FRANCISQUE)

237 — *Paysage boisé traversé par une rivière.*

Dessin à la plume portant dans le bas, à gauche, un cachet de collection.

Haut., 19 cent.; larg., 31 cent.

Cadre ancien en bois sculpté doré.

MILLET
(FRANCISQUE)

238 — *Paysage héroïque.*

Sur le bord d'un lac, encadré de verdure, de nombreuses
figures se dirigent, à gauche, vers un temple antique à colonnes.
Dessin à la plume et lavis de sépia.

Haut., 17 cent.; larg., 21 cent.

Cadre ancien en bois sculpté doré.

MOITTE
(Mme)
École française, fin du xviiie siècle.

239 — *Études de têtes de femmes et enfants.*

Six croquis sur la même feuille.
Dessin à la plume.
Signé en bas, à droite : *Moitte, née Castellas, 13 Brumaire,
an 9.*

Haut., 18 cent.; larg., 14 cent.

Cadre doré.

Vente Calendo (11-12 décembre 1899), n° 143.

MOITTE
(Mme)

240 — *Portraits de fillettes.*

Deux études sur la même feuille.
Dessins à la plume.

Haut., 27 cent.; larg., 13 cent. 1/2.

Cadre doré.

Vente Calendo (11-12 décembre 1899), n° 143.

MOLYN
(PIETER)
Londres, 1600 + Haarlem, 1661.

241 — *Route à travers bois.*

A gauche, au premier plan, une paysanne, vue de dos, est assise à terre; plus loin, d'autres personnages s'éloignent.

Dessin au crayon noir et lavis.

Signé en haut, à droite, et daté : *1659*.

Haut., 14 cent. 1/2 ; lärg., 19 cent.

Cadre ancien en bois sculpté doré.

Collection Jean Gigoux, vente à Paris, les 20-25 mars 1882, n° 382 du catalogue.

MOLYN
(PIETER)

242 — *Paysage.*

Sur un tertre, deux chaumières devant un arbre, près desquelles passent un chariot et un cavalier. Au centre, trois paysans, vus de dos, suivent un chemin montant.

Dessin au crayon et lavis.

Haut., 15 cent.; larg., 19 cent.

Cadre ancien en bois sculpté doré.

MOREAU l'Aîné
(LOUIS)
Paris, 1740 † Paris, 1806.

243 — *Le Vieux Pont.*

Derrière les ruines d'un vieux pont, se voit un moulin.
Deux personnages sont dans une barque et un troisième, assis
sur un rocher, à droite, pêche à la ligne.
Dessin au lavis de sépia.

Haut., 20 cent. 1/2 ; larg., 28 cent. 1/2.

Cadre en bois sculpté avec parties dorées.

Vente de dessins anciens (27-29 novembre 1876), n° 166.

MOREAU le Jeune
(JEAN-MICHEL)
Paris, 1741 † Paris, 1814.

244 — *La Nature.*

Composition de style antique.
Dessin à la plume et lavis de sépia.
Signé et daté : *1791.*

Haut., 21 cent. 1/2 ; larg., 15 cent. 1/2.

Cadre doré.

MORLAND
(D'après GEORGE)
École anglaise, 1763 † 1804.

245-246 — *A Tea Garden.*
Saint-James's Park.

Deux dessins de forme ovale, faisant pendants, au crayon
et lavis, probablement par le graveur Soiron, auteur des deux
gravures présentant les mêmes sujets.

Haut., 39 cent. ; larg., 49 cent. 1/2.

Cadres dorés.

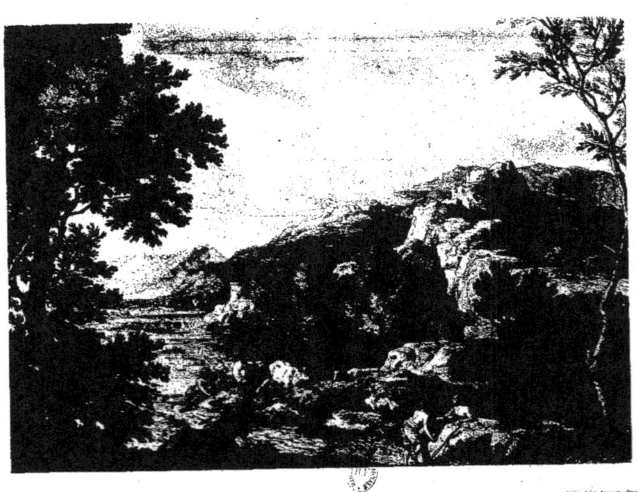

Héliog. Léon Marotte Paris

MOUCHERON
(ISAAC)
Emden, 1633 † 1686.

247 — *Paysage.*

Sur les bords d'un cours d'eau, qui coule au pied de collines rocheuses, des pâtres se sont arrêtés avec leurs animaux ; sur la gauche, un grand arbre.

Dessin à la plume et à l'aquarelle.

Signé en bas, vers le centre.

Haut., 23 cent.; larg., 32 cent.

Cadre ancien en bois sculpté doré, à nœud de ruban et culot de lauriers.

MOUCHERON
(ISAAC)

248 — *La Fuite en Égypte.*

Sur un chemin s'enfonçant sous de grands arbres, au bord d'une rivière, la Vierge, tenant l'Enfant Jésus et montée sur un âne, s'avance suivie de saint Joseph. Fond de paysage à colline.

Dessin à l'aquarelle.

Haut., 23 cent. 1/2; larg., 28 cent.

Cadre ancien en bois sculpté doré.

MOUCHERON
(ISAAC)

249 — *Vue de parc.*

Au centre d'un bosquet de verdure, s'élève une fontaine monumentale.

Aquarelle.

Haut., 17 cent. 1/2; larg., 13 cent. 1/2.

Cadre ancien en bois sculpté doré.

Vente Léon Roux (20-22 mars 1903), n° 92.

MOUCHERON
(ISAAC)

250 — *Vestale.*

Elle est debout, entretenant le feu sacré sur l'autel, devant la statue d'or de la déesse. A terre, les vases sacrés. Fond de portiques.

Dessin à la plume rehaussé de lavis et d'aquarelle.

Haut., 24 cent,; larg., 15 cent.

Cadre ancien doré.

NANTEUIL
(ROBERT)
Rennes, 1623 † Paris, 1678.

251 — *Portrait d'homme.*

En buste, de trois quarts à droite, les cheveux tombant sur les épaules; col de dentelle.

Pastel.

Signé à droite, en bas.

Haut., 33 cent. 1/2; larg., 27 cent. 1/2.

Cadre ancien en bois sculpté doré.

NANTEUIL
(ROBERT)

252 — *Portrait d'un magistrat.*

Presque de face, en buste.

Dessin de forme ovale à la sanguine et rehauts de blanc.

Haut., 22 cent.; larg., 19 cent. 1/2.

Cadre ovale ancien en bois sculpté ajouré et doré.

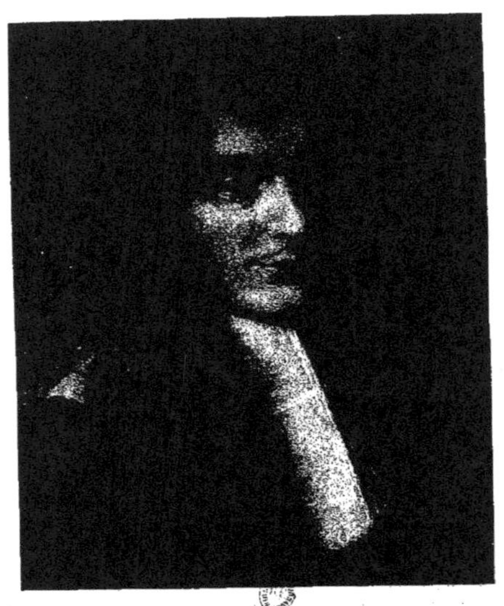

251

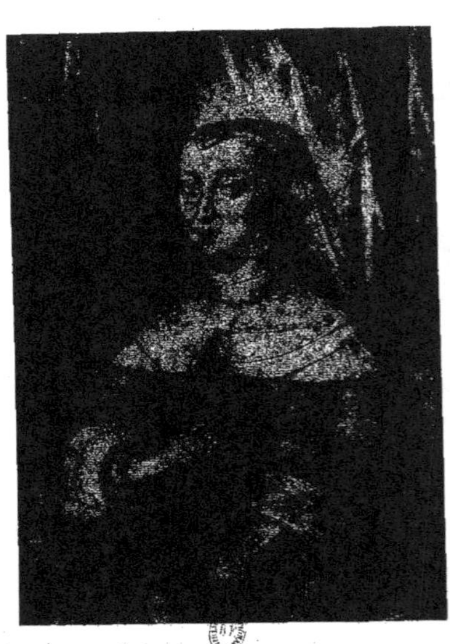

93

NEER

(AERT VAN DER)
Amsterdam, 1620 † Amsterdam, 1677.

253 — *Paysage; effet de lune.*

A droite, serpente une rivière animée de barques. A gauche, une habitation, dont la porte est ouverte, laisse voir un couple assis. Ciel nuageux.

Dessin à la sanguine.

Haut., 15 cent.; larg , 20 cent. 1/2.

Cadre ancien en bois sculpté doré.

NETSCHER

(GASPARD)
Heidelberg, 1639 † La Haye, 1684.

254 — *Portrait de femme* (étude).

Représentée en pied, debout, le bras gauche appuyé sur un tertre, la main droite sur la tête d'un lévrier; fond de paysage.

Sanguine.

Signée en bas, à droite.

Haut., 26 cent. 1/2; larg., 18 cent. 1/2.

Cadre ancien en bois sculpté doré.

NORBLIN DE LA GOURDAINE

(JEAN-PIERRE)
Misy-Fault, 1745 † Paris, 1830.

255 — *Musiciens ambulants.*

Au carrefour de plusieurs rues, des curieux entourent un groupe de musiciens accompagnant une femme qui chante le refrain du jour.

Dessin au lavis d'encre de Chine.

Haut., 14 cent.; larg , 19 cent

Cadre doré.

OSTADE
(ADRIAAN VAN)

Lubeck, 1610 † Haarlem, 1685.

256 — *Intérieur de cabaret.*

Autour d'une table sont assis des buveurs et fumeurs ; une vieille femme, assise aussi, leur sert à boire. L'un des buveurs, assis sur un banc, retient de la main un personnage debout. Dans le fond, un paysan pénètre dans le cabaret et, devant une fenêtre, un couple est assis.

Importante aquarelle.

Signée et datée, à droite, en bas : *1673.*

Haut., 23 cent. 1/2 ; larg., 19 cent. 1/2.

Cadre ancien mouluré et guilloché en ébène.

Collection Jaime.

OSTADE
(ADRIAAN VAN)

257 — *Les Gaufres.*

Une femme, tenant un verre, est assise à gauche devant une table sur laquelle sont posées des gaufres. Debout, près d'elle, un homme tient de la main gauche une verseuse.

Dessin à l'aquarelle.

Signé en bas, à droite.

Marque de collection, à gauche (Jean Gigoux).

Haut., 18 cent. ; larg., 16 cent.

Cadre ancien en bois noir rehaussé de dorure.

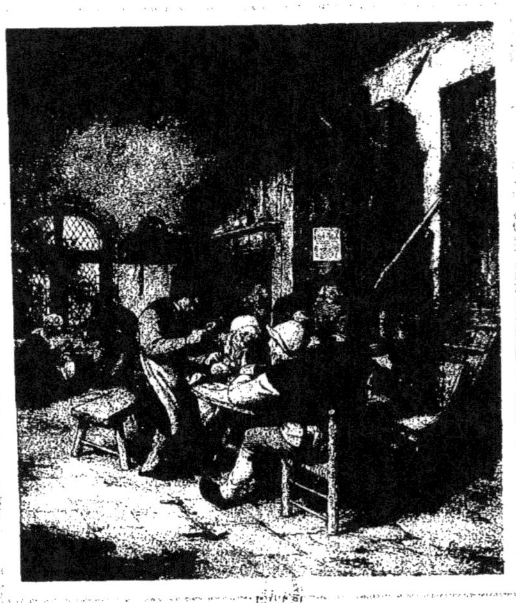

255

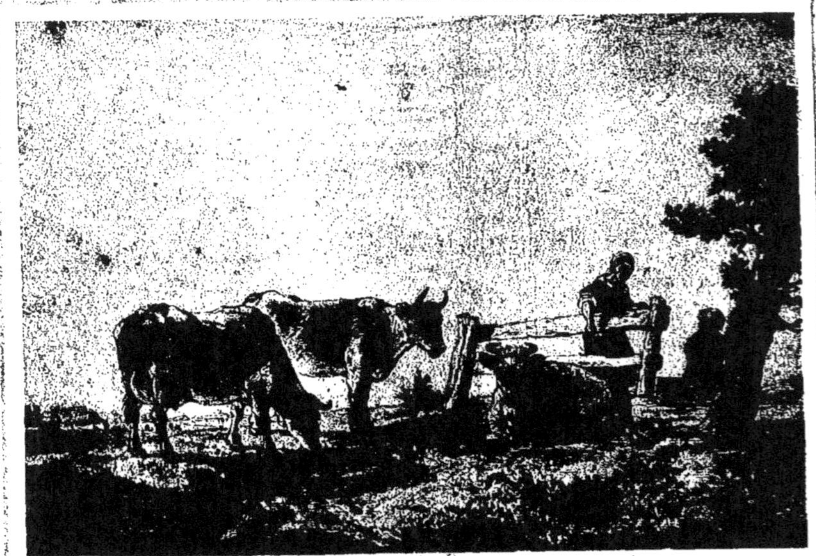

271

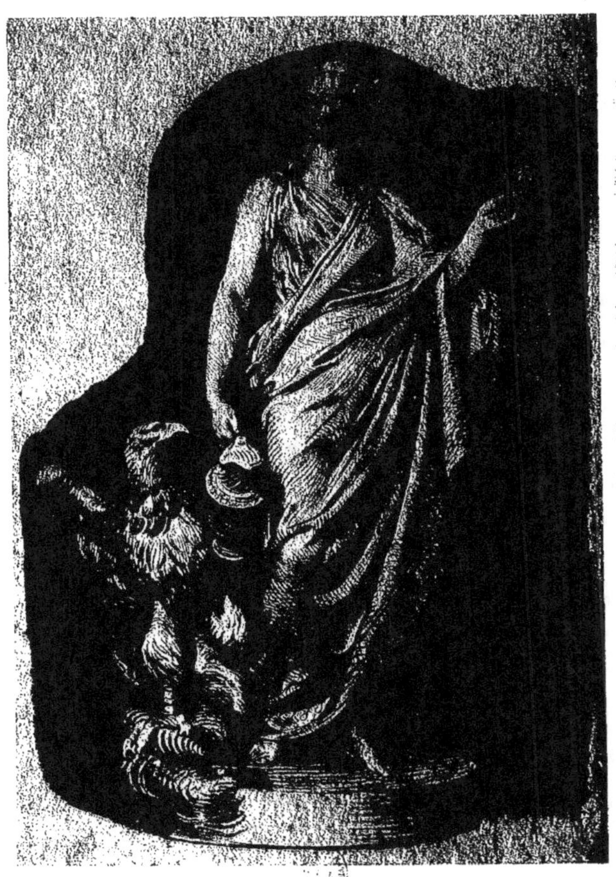

Hélio Lion Marotte Paris

PAJOU
(AUGUSTIN)
Paris, 1730 † Paris, 1809.

258 — *Madame Du Barry en Hébé.*
Projet de statue.

Dessin à la sanguine.

Haut., 36 cent.; larg., 24 cent.

Cadre ancien en bois sculpté doré.

Ce dessin a longtemps passé pour représenter Marie-Antoinette en Hébé. Cette erreur a été redressée par M. Henri Stein en comparant ce dessin à la maquette en terre cuite du même artiste, représentant Madame Du Barry, qui faisait partie de la collection François Flameng. MM. Albert Vuaflart et Henri Bourin, les iconographes de la Reine, partagent d'ailleurs l'avis de M. H. Stein.

Cf. Henri Stein : *Augustin Pajou*, p. 129 et suiv.

Exposé et décrit par erreur comme étant Marie-Antoinette.
Baron de Vinct : *Iconographie de Marie-Antoinette* (reproduit).
Exposition de la Ville de Paris en 1900 (n° 221 *bis*).
Exposition de Cent portraits de femmes (1909), n° 117.

PAKORDE (?)
École hollandaise, xvii° siècle.

259 — *Canal gelé.*

Des patineurs, des traîneaux sillonnent la glace en tous sens. Monticule à gauche, moulins dans le fond, ligne d'arbres à droite.

Dessin à la plume et léger lavis.
Signature en bas, à gauche : *Pakorde, 40.*

Haut., 30 cent. 1/2; larg., 42 cent.

Cadre ancien en bois sculpté doré.

PANNINI
Attribué à GIOVANNI-PAOLO)
Plaisance, 1692 † 1765.

260 — *La Terrasse d'un palais, en Italie.*

Quelques personnages sont groupés sous les pins parasols, près d'une fontaine. A gauche, au premier plan, des joueurs de boules.

Dessin à la pierre d'Italie et lavis.

Haut., 27 cent.; larg., 20 cent. 1/2.

Cadre ancien en bois sculpté doré.

Vente Chennevières (5 mai 1898), n° 134.

PARIZEAU
(P.-L.)
École française, fin du xviii° siècle.

261 — *Croquis divers d'enfants.*

Études d'enfants disposées sur deux lignes; en bas, à gauche, on remarque une fillette à califourchon sur un chien.
Dessin à la sanguine.

Haut., 32 cent.; larg., 44 cent.

Cadre ancien en bois sculpté noir et or.

PARIZEAU
(P.-L.)

262 — *Femme assise sur un tertre.*

De profil à gauche, tenant un éventail.
Dessin à la sanguine.
Signé et daté : *1780.*

Haut., 14 cent.; larg., 18 cent.

Cadre en bois sculpté doré.

PARIZEAU
(P.-L.)

263 — *Femme debout.*

Vue de dos, regardant à droite, la main ouverte.
Dessin à la sanguine.
Signé et daté : *1780.*

Haut., 18 cent. 1/2; larg., 14 cent.

Cadre doré.

PATEL
(PIERRE)
(?) 1620 † Paris, 1676.

264 — *Paysage.*

Sur la gauche, un palais en ruines devant lequel s'élève
un massif de grands arbres; vers la droite, un groupe de
baigneuses au bord d'une rivière; dans le fond, vue de ville
et collines.
Gouache.

Haut., 27 cent.; larg., 39 cent.

Cadre noir.

PERIGNON
(NICOLAS)
Nancy, 1727 † Paris, 1782.

265 — *Route en Suisse.*

A gauche, un chalet dominant la route que suivent un
couple et un chariot; à droite, au bas de collines, coule une
rivière.
Aquarelle.
Signée en bas, au milieu, des initiales.

Haut., 15 cent. 1/2; larg., 22 cent. 1/2.

Cadre ancien noir et or.

Vente H. Lacroix (27-29 janvier 1903), n° 234.

PERRONNEAU

(J.-B.)

Paris, 1715 † Amsterdam, 1783.

266 — *Portrait de femme.*
(Marquise d'Entremaux de Ribeyrol.)

Tenant un masque, vue en buste, de profil à gauche, vêtue d'un corsage blanc, agrémenté de rubans bleus.

Pastel.

Signé en haut, à droite.

Haut., 59 cent.; larg., 45 cent.

Cadre ancien en bois sculpté doré.

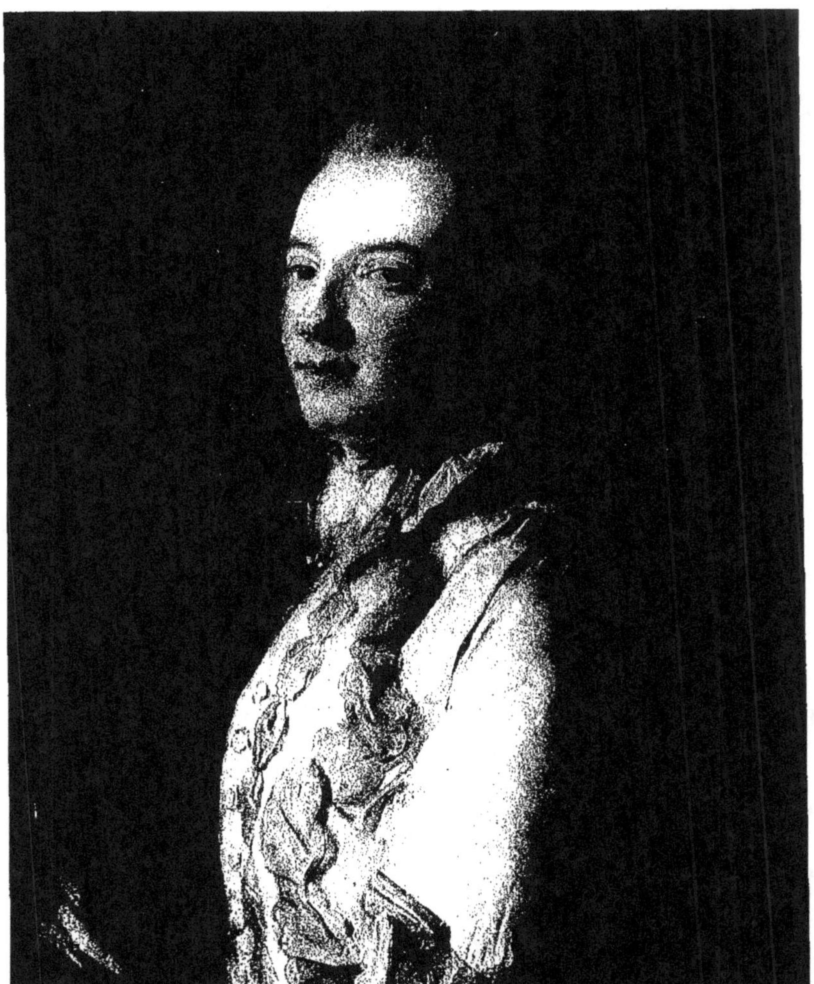

Hélio Léon Marotte Paris

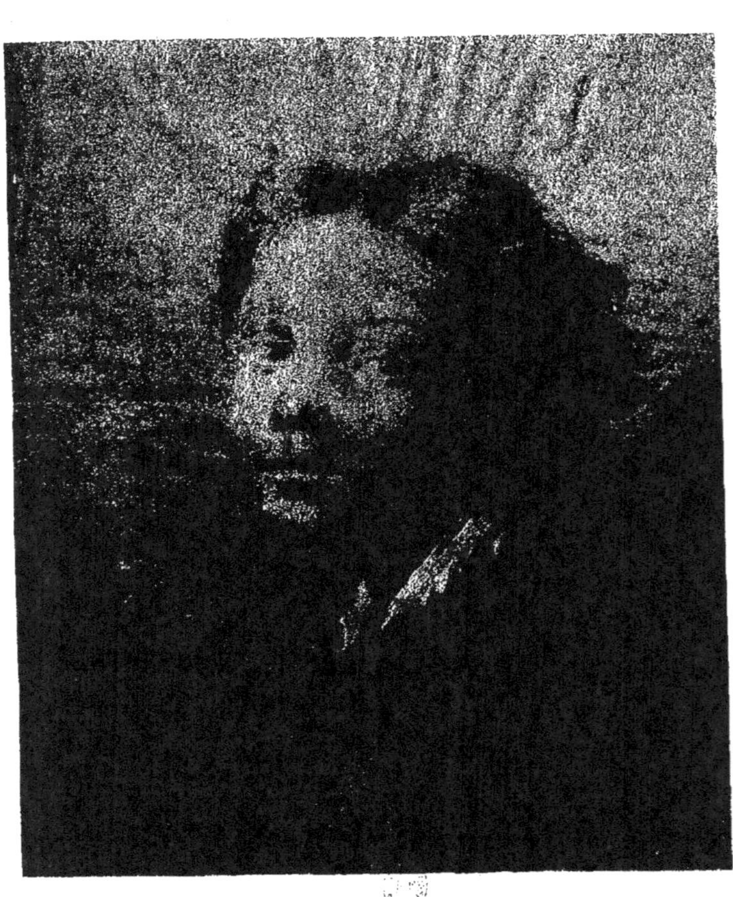

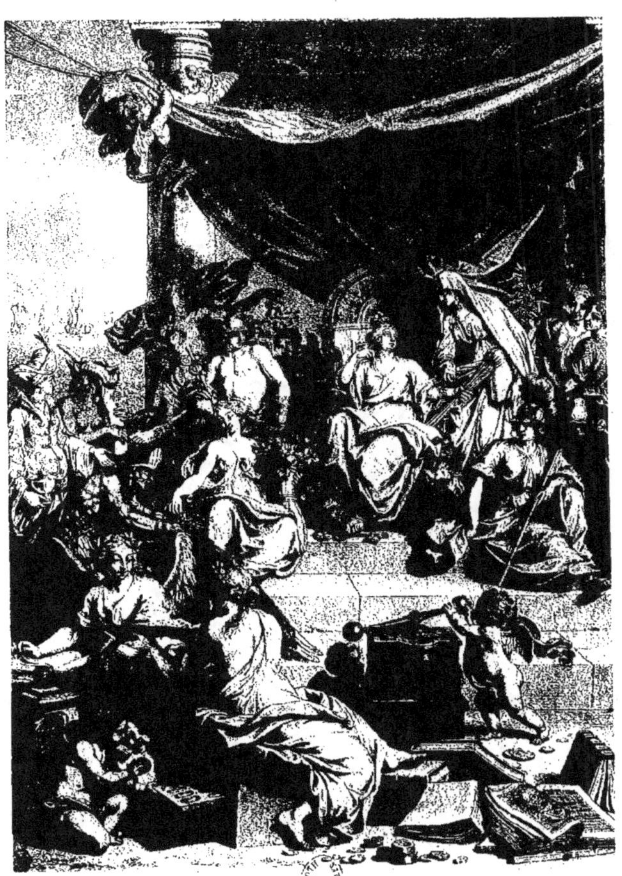

Hôtel Drot Nouvelle Paris

PIAZZETTA
(GIOVANNI-BATTISTA)
Venise, 1683 † 1754.

267 — *Le Mandoliniste.*

De profil à gauche, le visage retourné, presque de face ; il
est vêtu d'un vêtement rayé à collerette de lingerie.
Dessin aux crayons noir et blanc.

Haut., 36 cent. ; larg., 29 cent. 1/2.

Cadre ancien en bois sculpté doré.

PICART
(BERNARD)
Paris, 1673 † Amsterdam, 1733.

268 — *Frontispice*
Pour « l'Histoire Métallique des Pays-Bas ».

Précieux dessin au lavis d'encre de Chine.
Signé et daté : *1722.*

Haut., 31 cent. ; larg., 21 cent.

Cadre ancien en bois sculpté doré.

Vente Léon Roux (20-22 mai 1903), n° 120.

PICART
(BERNARD)

269 — *Le Souper du Roi.*

Le roi et un autre personnage, tous deux tricorne en tête,
sont assis, à gauche, sous un dais armorié ; huit autres convives
sont assis autour de la table. Six laquais servent.
Dessin à la plume et lavis d'encre de Chine.

Haut., 13 cent. ; larg., 18 cent.

Cadre doré.

14

POELEMBURG
(CORNELIS)
Utrecht, 1586 † 1667.

270 — *Baigneuses.*

Deux femme nues sont au premier plan, trois autres plus loin, au bord de la rivière. Des ruines se dressent au milieu du paysage.

Dessin au lavis de sépia.

Haut., 20 cent. 1/2; larg., 20 cent.

Cadre ancien en bois sculpté doré.

POTTER
(PAULUS)
Enkuysen, 1625 † 1654.

271 — *Vaches au pâturage.*

Deux vaches sont debout et une troisième couchée près d'une barrière, à laquelle s'accroche une femme. Derrière un arbre, à gauche, un homme est dans une barque.

Dessin au crayon rehaussé de lavis de couleur.

Haut., 21 cent.; larg., 29 cent.

Cadre ancien en bois sculpté doré.

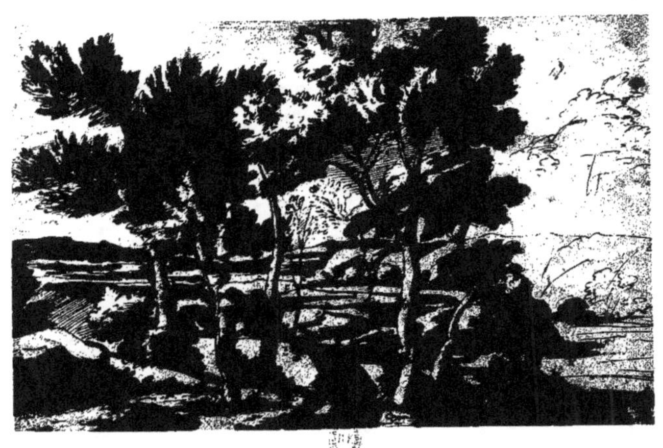

272

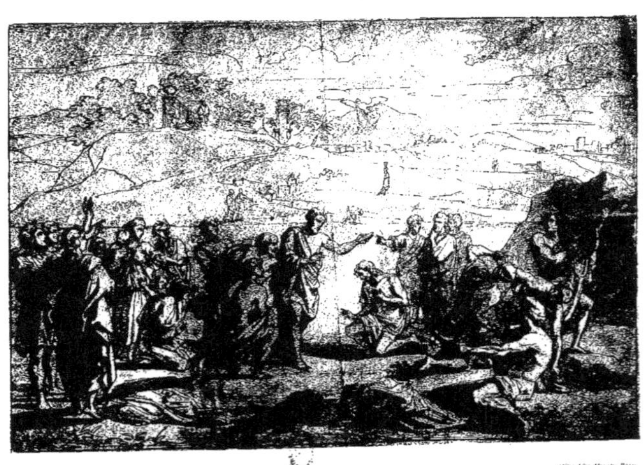

273

POUSSIN
(NICOLAS)
Les Andelys, 1594 † 1665.

272 — *Paysage aux grands arbres.*

A droite, serpente une rivière ; au premier plan et au centre,
de grands arbres devant la plaine ; au fond, des collines.
Dessin à la plume et au lavis de sépia.

Haut., 25 cent. 1/2 ; larg., 39 cent. 1/2.

Cadre ancien en bois sculpté doré.

POUSSIN
(NICOLAS)

273 — *Le Baptême du Christ.*

Il est à genoux, s'apprêtant à recevoir le baptême du
Précurseur ; quelques saints personnages les entourent.
Dessin au lavis d'encre de Chine.

Haut., 28 cent. 1/2 ; larg., 41 cent. 1/2

Cadre ancien en bois sculpté doré.

PUNT
(JAN)
Amsterdam, 1711 † 1779.

274 — *Composition décorative en forme d'écran.*

Un couple s'avance vers un pavillon, guidé par l'Amour. Au
premier plan, des personnages allégoriques et des emblèmes,
avec armoiries.
Dessin à la plume et lavis d'encre de Chine.
Signé et daté, en bas, au milieu : *1736 ou 38.*

Haut., 22 cent. 1/2 ; larg., 17 cent. 1/2.

Cadre ancien en bois sculpté doré.

Vente Léon Roux (20-22 mai 1903), n° 128.

PYNACKER
(ADAM)
Pynacker (près Delft), 1621 † Amsterdam, 1673.

275 — *Paysage avec ruines.*

Auprès d'une arcade, un paysan selle son cheval; à droite, un mendiant; dans le fond, une femme assise sur un cheval.
Dessin au lavis de sépia.

Haut., 22 cent.; larg., 19 cent. 1/2.

Cadre ancien en bois sculpté doré.

REMBRANDT
(A. VAN RYN)
Leyde, 1607 † Amsterdam, 1669.

276 — *Le Roi Salomon et la Reine de Saba.*

Salomon, debout, désigne à la reine un trône. Celle-ci, vêtue d'un long manteau à traîne, s'avance sous un parasol que tient un page. Des personnages secondaires à gauche et à droite des figures royales.
Dessin à la plume et léger lavis.

Haut., 20 cent.; larg., 28 cent. 1/2.

Cadre ancien en bois sculpté doré.

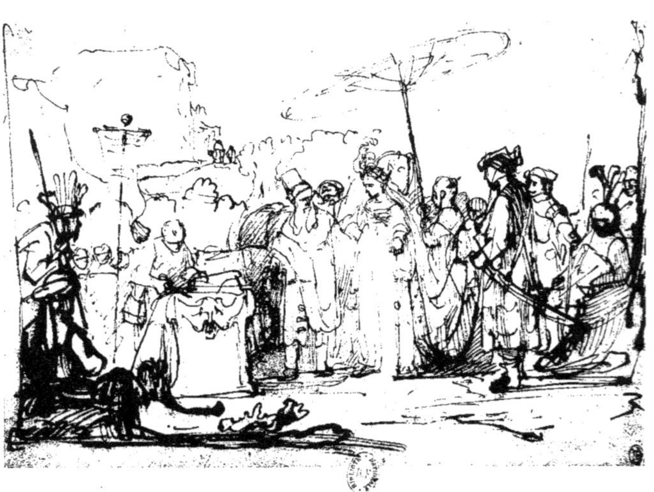

276

REMBRANDT
(A. VAN RYN)

277 — *Le Christ et la Samaritaine.*

Le Christ est assis devant une table sur laquelle il s'appuie.
La Samaritaine se tient à sa gauche.

Dessin à la plume.

Haut., 12 cent. 1/2 ; larg., 11 cent.

Cadre ancien en noyer ciré et appliques d'angles en bronze ajouré et ciselé.

REMBRANDT
(A. VAN RYN)

278 — *Feuille de croquis.*

Sur une feuille, l'artiste a croqué dix têtes de vieillards, hommes et femmes, dont la plupart se retrouveront dans ses eaux-fortes ou tableaux.

Dessin à la plume.

Haut., 13 cent. ; larg., 19 cent.

Cadre ancien en bois sculpté doré.

ROBERT
(École de HUBERT)
Paris, 1733 † Paris, 1808.

279 — *Ruines romaines et figures.*

Dessin à la plume et lavis.

Haut., 5o cent.; larg., 35 cent. 1/2.

Cadre en bois sculpté doré.

ROOS
(PHILIPPE-PETER)
Francfort, 1655 † Rome, 1705.

280 — *Les Cinq Moutons.*

Au pied d'un monticule boisé est un groupe de cinq moutons, l'un debout, les autres couchés.

Dessin au lavis d'encre de Chine.

Haut., 21 cent.; larg., 18 cent. 1/2.

Cadre ancien en bois sculpté doré.

A été gravé.
Collection De Lagoy.

ROOS
(PHILIPPE-PETER)

281 — *Le Pâtre.*

Dans une vallée, un pâtre est assis au milieu d'un troupeau d'animaux. A gauche, derrière une mare où boit un chien, deux béliers se battent.

Dessin à la plume lavé de sépia.

Signé et daté, en bas, à gauche : *1679.*

Haut., 35 cent.; larg., 52 cent. 1/2.

Cadre ancien en bois sculpté doré.

A été gravé.

ROSA
(SALVATOR)
Arenella (près Naples), 1615 † 1673.

282 — *Étude.*

Homme debout, vu de dos, le genou droit appuyé sur un tertre et tenant de sa main gauche un long bâton.

Dessin à la sanguine.

Haut., 15 cent. 1/2 ; larg., 10 cent. 1/2.

Cadre doré.

ROSA
(SALVATOR)

283 — *Saint Sébastien.*

Le saint est représenté, les bras croisés et liés à un arbre dépouillé de verdure.

Dessin à la plume et lavis. A été mis au carreau.

Haut., 34 cent. 1/2 ; larg., 25 cent.

Cadre ancien en bois sculpté doré.

ROSA
(SALVATOR)

284 — *Colloque de soldats.*

Deux soldats sont assis; celui de gauche, vu de dos, a le bras droit levé et étendu ; l'autre, à droite, est vu de profil.

Dessin à la sanguine.

Signé du monogramme.

Haut., 15 cent.; larg., 9 cent. 1/2.

Cadre ancien en bois sculpté doré.

ROSA
(SALVATOR)

285 — *Soldat* (étude).

Il est debout, vu de face, coiffé d'une toque à longue plume;
s'appuyant de ses deux mains sur une longue épée.

Dessin à la sanguine.

Signé du monogramme.

Haut., 16 cent.; larg., 10 cent.

Cadre ancien en bois sculpté doré.

A été gravé.

RUBENS
(PIERRE-PAUL)
Siegen ou Cologne, 1577 † Anvers, 1640.

286 — *Le Concile.*

Étude pour le tableau du maître se trouvant à Anvers. C'est
la partie droite du tableau.

Dessin aux trois crayons, rehaussé de lavis d'aquarelle.

Haut., 33 cent. 1/2; larg., 28 cent.

Cadre ancien en bois sculpté doré.

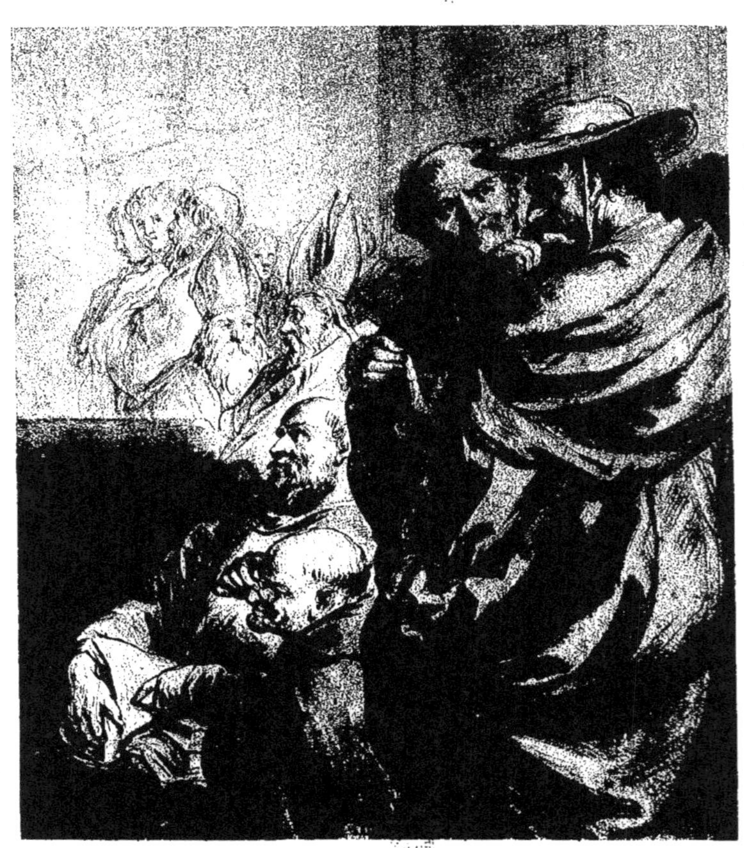

Hélio Léon Marotte Paris

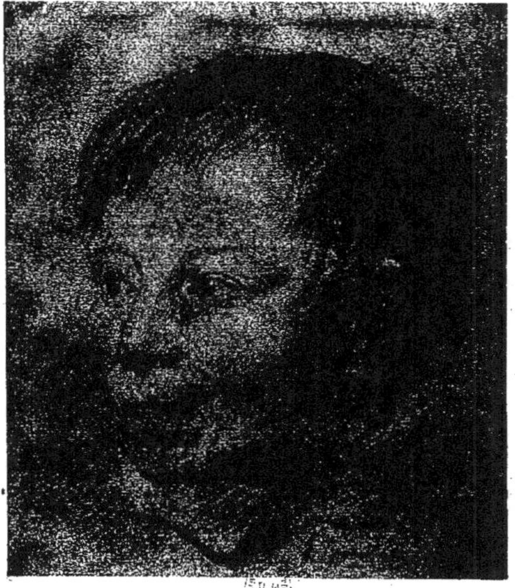

190

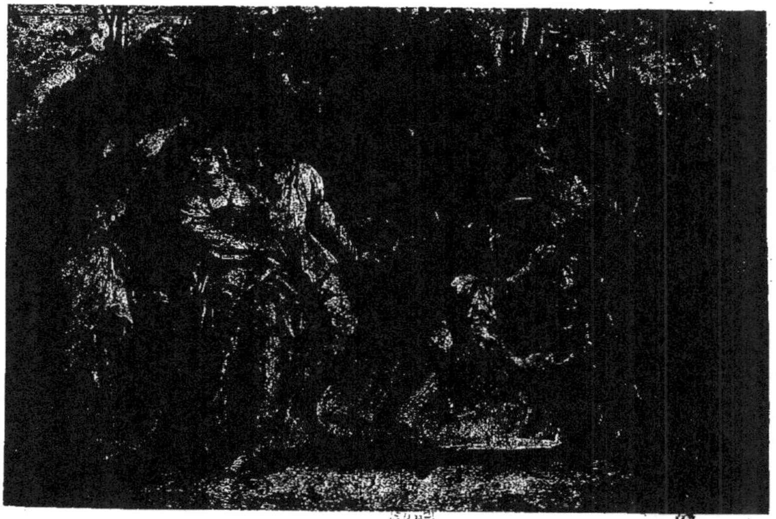

287

RUBENS
(PIERRE-PAUL)

287 — *Bacchanale.*

Dans un paysage aux troncs d'arbres noueux, trois couples
s'ébattent aux sons d'un joueur de cornemuse, se profilant
à gauche.

Dessin lavé d'encre de Chine et gouaché.

Haut., 25 cent.; larg., 36 cent. 1/2.

Cadre ancien en bois sculpté doré.

RUBENS
(PIERRE-PAUL)

288 — *Enlèvement d'Hippodamie.*

Au verso du dessin, se trouve une composition présentant
deux satyres.

Dessin à la pierre noire.

Haut., 20 cent.; larg., 30 cent.

Cadre ancien en bois sculpté doré.

RUBENS
(PIERRE-PAUL)

289 — *Le Coup de lance.*

Le Christ est en croix, entre les deux larrons; un cavalier,
lance en main, s'apprête à percer le flanc du Seigneur. Les
saintes femmes sont au pied de la croix, et la foule des
soldats et du peuple assiste au drame.

Important dessin à plusieurs crayons et rehauts de blanc.

Étude pour le tableau d'Anvers.

Haut., 40 cent. 1/2; larg., 58 cent.

Cadre ancien en bois sculpté doré.

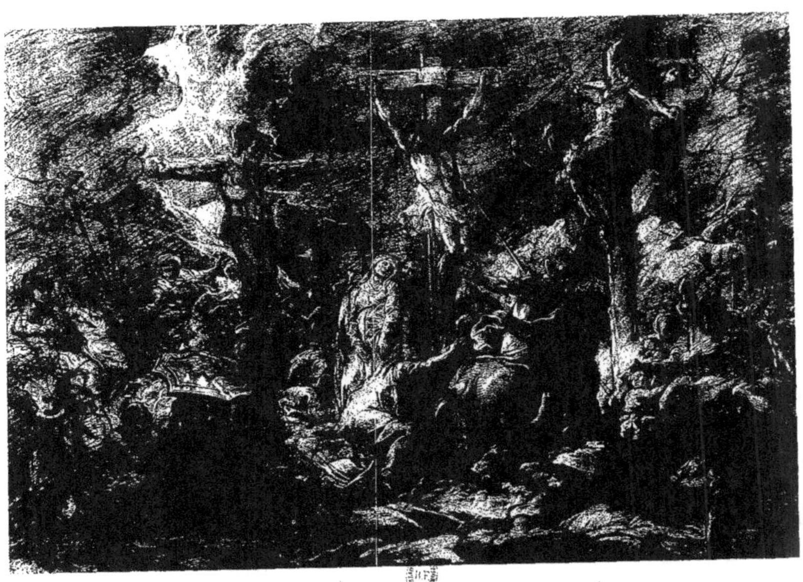

RUBENS
(Attribué à PIERRE-PAUL)

290 — *Tête de satyre.*

De grandeur nature, presque de face.
Dessin à la pierre noire sur papier bleuté.

Haut., 32 cent.; larg., 22 cent.

Cadre ancien en bois sculpté doré.

Collection Charles Gasc.

RUBENS
(École de PIERRE-PAUL)

291 — *Tête d'homme.*

De face, tête nue, cheveux blancs, moustaches et barbe
grises.
Dessin aquarellé.

Haut., 20 cent.; larg., 15 cent.

Cadre ancien en bois sculpté doré.

RUBENS
(École de PIERRE-PAUL)

292 — *Tête de femme.*

De profil à gauche, la chevelure relevée et retenue sur le
sommet de la tête par un ruban.
Dessin aux deux crayons.

Haut., 19 cent. 1/2; larg., 10 cent. 1/2.

Cadre ancien en bois sculpté doré.

RUYSDAËL
(JACOB)
Haarlem, 1625 † Haarlem, 1681.

293 — *Paysage hollandais.*

A droite, sur un tertre, un vieil arbre ; à gauche, une mare, une rivière et, dans le fond, la silhouette d'un clocher.

Dessin à la plume, lavis d'encre de Chine et d'aquarelle, sur vélin.

Signé à droite, du monogramme, avec la date : *1649*.

Haut., 18 cent.; larg., 14 cent.

Cadre ancien en bois sculpté doré.

Vente Defer-Dumesnil (10-12 mai 1900), n° 98.
Exposition de l'École des Beaux-Arts en 1879, n° 389.

RUYSDAËL
(JACOB)

294 — *Paysage coupé de canaux.*

Au premier plan, des barrières rustiques baignant dans l'eau ; au fond, la plaine.

Dessin au crayon noir.

Haut., 9 cent. ; larg., 19 cent. 1/2.

Cadre ancien en bois sculpté doré.

Collection Jean Gigoux.

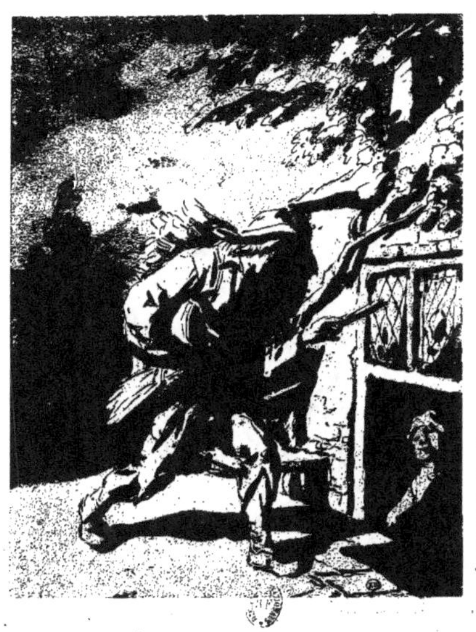

117

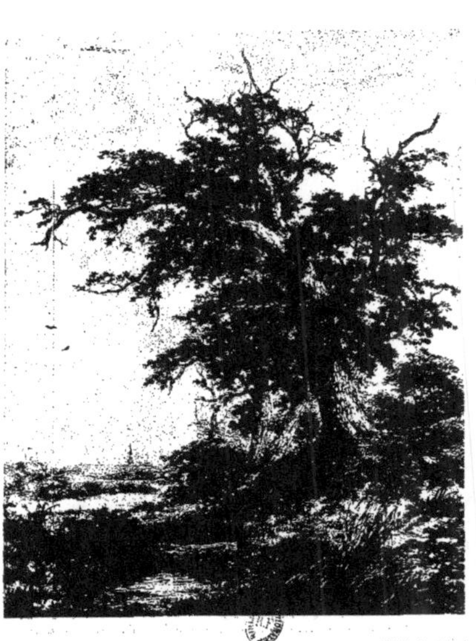

293

RUYSDAËL
(École de JACOB)

295 — *Paysage.*

A la lisière d'une forêt, un paysan bêche dans un terrain ondulé où pousse une herbe rare et drue.

Dessin à la plume et lavis d'encre de Chine.

Haut., 13 cent. 1/2; larg., 19 cent. 1/2.

Cadre doré.

RUYSDAËL
(École de JACOB)

296 — *Intérieur de forêt.*

Un chemin sous bois monte vers la gauche. Au centre, un homme et une femme se dirigent, à droite, vers un beau massif de grands arbres.

Dessin à la plume et lavis d'encre de Chine.

Haut., 36 cent. 1/2 ; larg., 47 cent. 1/2.

Cadre ancien en bois sculpté doré.

RUYSDAËL
(École de JACOB)

297 — *Chemin traversant un terrain boisé.*

Sur un tertre, à droite, un paysan debout et, plus loin, un pâtre poussant quelques bestiaux.

Dessin à l'aquarelle.

Haut., 10 cent.; larg., 20 cent. 1/2.

Cadre ancien en bois sculpté, de Bagard.

Collection Desperet.

SAFTLEVEN
(HERMAN)
Rotterdam, 1609 † Rotterdam, 1681.

298 — *Paysage aux chaumières.*

La route passe entre des chaumières, s'acheminant vers la plaine. Au centre, au premier plan, un homme s'est assis. A droite, une barrière rustique près d'un arbre.

Dessin à la plume rehaussé d'aquarelle.

Haut., 18 cent.; larg., 28 cent. 1/2.

Cadre ancien en bois sculpté doré.

SAINT-AUBIN
(Attribué à AUG. DE)
Paris, 1736 † Paris, 1807.

299 — *Portrait de la Grande Duchesse de Russie (?)*

De profil à gauche, en buste.

Dessin au crayon.

Haut., 16 cent. 1/2; larg., 10 cent. 1/2.

Cadre ancien en bois sculpté doré.

SAINT-AUBIN
(GABRIEL DE)
Paris, 1724 † Paris, 1780.

300 — *Cortège triomphal.*

Le roi est debout sur un char attelé de quatre chevaux, escorté de cavaliers. Sur son passage, la foule s'agenouille et s'incline.

Dessin au crayon relevé de plume.

Haut., 8 cent. 1/2; larg., 12 cent. 1/2.

Cadre ancien en bois sculpté doré.

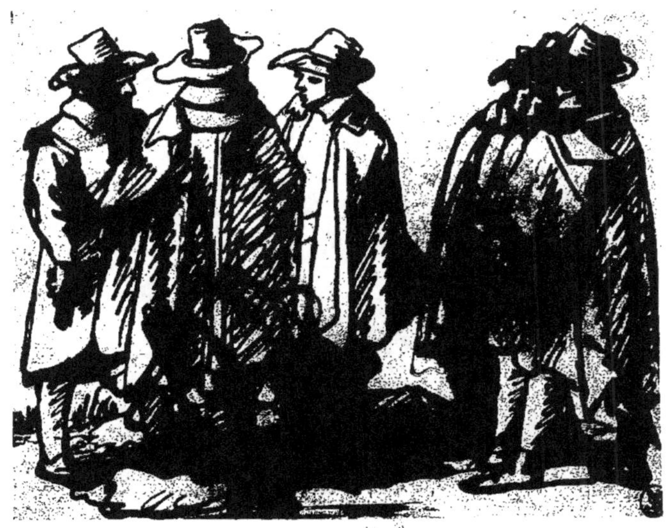

223

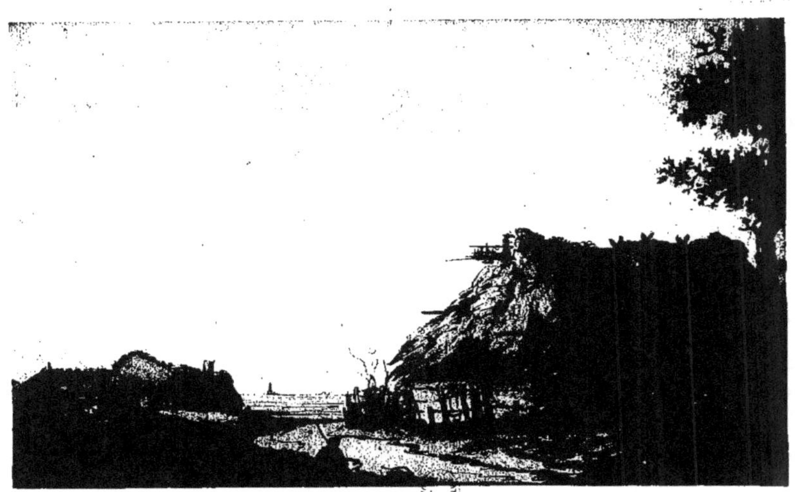

298

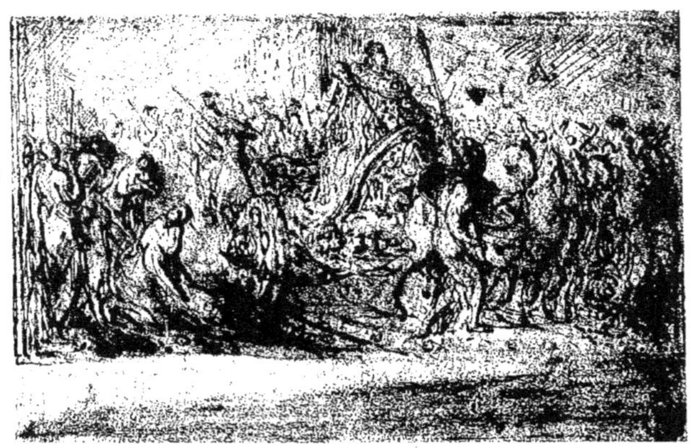

300

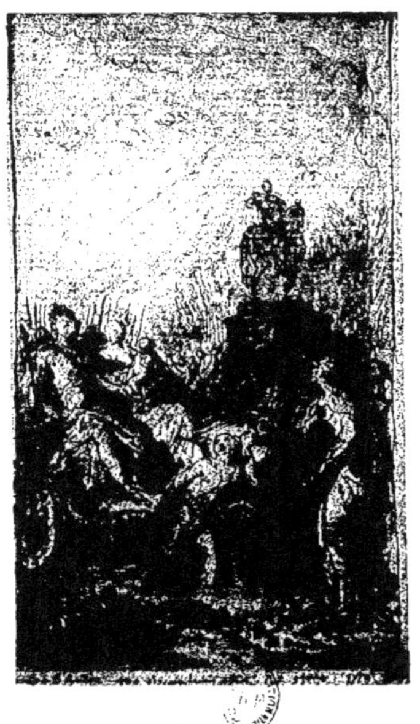

302

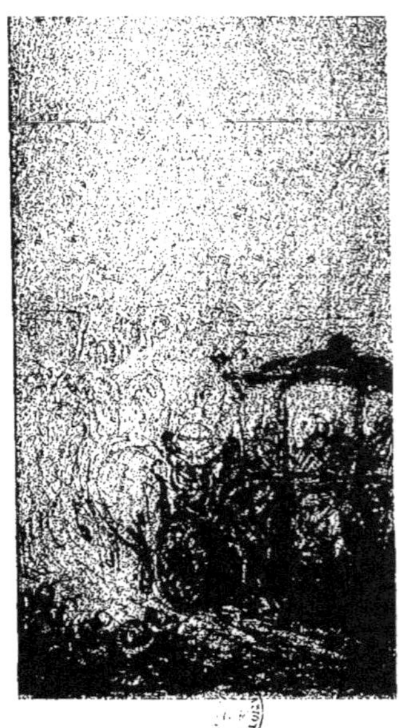

301

SAINT-AUBIN
(GABRIEL DE)

3o1 — *La Voiture du sacre.*

Le carrosse portant la famille royale, escorté d'officiers à pied, passe devant la foule.

Dessin au crayon.

Haut., 11 cent. 1/2; larg., 6 cent.

Cadre ancien en bois sculpté doré.

A figuré, en 1900, à l'Exposition rétrospective de la Ville de Paris, n° 260.

SAINT-AUBIN
(GABRIEL DE)

3o2 — *Le Triomphe du roi.*

Le monarque, vêtu à l'antique, est traîné sur un char par des amours. Le cortège traverse la place Louis XV au milieu de la foule enthousiaste.

Dessin à la plume.

Signé en toutes lettres et daté : *1779.*

Haut., 11 cent.; larg., 7 cent.

Cadre ancien en bois sculpté doré.

A figuré en 1900 à l'Exposition rétrospective de la Ville de Paris, n° 263.

SAINT-AUBIN
(Attribué à GABRIEL DE)

3o3 — *Sujet allégorique.*

Une jeune femme debout, demi-nue, que conduit une femme
âgée près d'elle, verse le contenu d'une coupe sur un jeune
satyre couché à terre.

Dessin au crayon, frottis et quelques rehauts de sanguine.

Haut., 22 cent. ; larg., 17 cent.

Cadre ancien en bois sculpté noir et or.

SAINT-AUBIN
(Attribué à GABRIEL DE)

3o4 — *Scène de ballet.*

Dans un décor à peine indiqué, plusieurs groupes de personnages; au centre, un couple danse; à droite et à gauche, plusieurs
personnages sont assis.

Dessin au crayon.

Haut., 16 cent. 1/2 ; larg., 22 cent.

Cadre ancien en bois sculpté doré.

SAINT-QUENTIN

École française, xviiie siècle.

3o5 — *Tête de jeune femme.*

De profil à droite, les cheveux retenus au sommet de la tête
par un ruban.

Dessin aux crayons de couleur, sur papier gris.

Signé en bas, à gauche.

Haut., 34 cent. 1/2; larg., 25 cent.

Cadre ancien en bois sculpté doré.

SARRAZIN

(JACQUES)

Noyon, 1588 † Paris, 1660.

3o6 — *Enfants jouant avec une chèvre.*

Esquisse pour un haut-relief.

Contre-épreuve d'un dessin à la sanguine.

Haut., 3o cent.: larg , 37 cent.

Cadre doré.

SAVERY

(ROLAND)

École hollandaise, 1576 † 1639.

3o7 — *Marines :*

a) *Bateaux à l'entrée d'un port.*
b) *Barques à l'ancre.*

Deux dessins à la plume et lavis.

Cadre ancien en bois sculpté doré.

Haut., 11 cent. 1/2; larg., 18 cent. 1/2.

Vente Defer-Dumesnil (10-12 mai 1900), n° 101.

16

SCHOUMAN
(ARTHUR)
Dordrecht, 1710 † La Haye, 1792.

308 — *Grive prise au piège.*

Au pied de l'arbuste auquel le piège est accroché, trois oiseaux morts.

Aquarelle signée au revers.

Haut., 31 cent. 1/2; larg., 20 cent.

SNYDERS
(FRANZ)
Anvers, 1579 † Anvers, 1657.

309 — *Nature morte.*

Une table chargée de fruits et de fleurs; à gauche, un singe assis grignote un fruit pendant qu'il en saisit un autre.

Dessin à la plume lavé de sépia.

Haut., 15 cent. 1/2; larg., 24 cent.

Cadre ancien en bois sculpté doré.

STEEN
(JAN)
Leyde, 1626 † Leyde, 1679.

310 — *Buveurs.*

Dans la cour d'une auberge, sur une table, un homme est debout soulevant un tonnelet pour emplir le verre que tend une femme assise à terre. Un homme boit à même une cruche.

Dessin à la sanguine et lavis.

Haut., 16 cent. 1/2; larg., 20 cent.

Cadre ancien en bois sculpté doré.

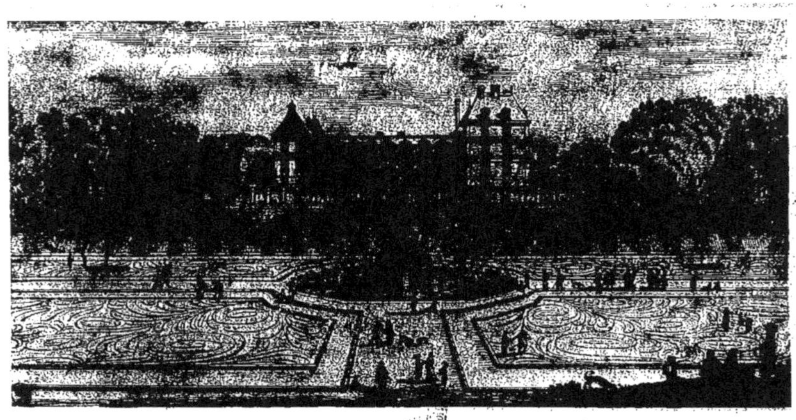

314

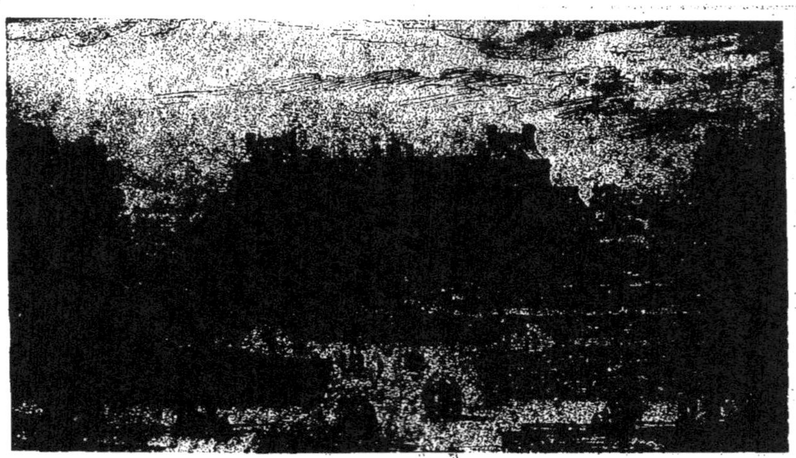

313

STOOP
(DYCK ou THIERRY)
Dordrecht (?), 1610 + Dordrecht, 1686.

311 — *La Tourelle au bord de la mer.*

A gauche, une tour ronde près d'un rempart armé d'un canon; plus loin, l'estacade. Au premier plan, des personnages; dans le fond, sur la mer, des navires.
Dessin au lavis d'encre de Chine.

Haut., 24 cent. 1/2; larg., 33 cent. 1/2.

Cadre ancien en bois sculpté doré.

SWEBACH
(JACQUES-FRANÇOIS, DES FONTAINES)
Metz, 1769 + Paris, 1823.

312 — *Un Camp.*

Au centre, un cavalier tenant par la bride un cheval; à droite, des artilleurs; à gauche, deux soldats courant à une jeune femme assise au pied d'un arbre.
Dessin à la plume et lavis de sépia.
Signé en bas, à gauche, et daté : *1791.*

Haut., 17 cent. 1/2; larg., 24 cent.

Cadre ancien en bois sculpté noir et or.

SYLVESTRE
(ISRAËL)
École française, xviie siècle.

313 — *Le Palais du Luxembourg.*

Vue postérieure sur le parterre à la française.
Dessin à la plume et lavis.

Haut., 14 cent.; larg., 24 cent.

Cadre en bois sculpté doré.

A été gravé.

SYLVESTRE
(ISRAËL)

314 — *Le Château de Meudon (?)*

Vue sur les jardins avec pièce d'eau, animée de petits personnages.

Dessin à la plume.

Haut., 14 cent.; larg., 26 cent.

Cadre ancien en bois sculpté doré.

A été gravé.

TENIERS le Jeune
(DAVID)
Anvers, 1610 † Bruxelles, 1690.

315 — *Les Singes artistes.*

Un singe, palette en main, assis devant un chevalet, écoute le duo de deux singes guitaristes. Derrière, un autre broie de la couleur; à droite, un cinquième fume la pipe.

Dessin à la plume lavé de sépia.

Signé en bas, vers la gauche.

Haut., 23 cent.; larg., 35 cent. 1/2.

Cadre ancien en bois sculpté doré.

TENIERS le Jeune
(DAVID)

316 — *L'Ouïe.*

L'artiste a représenté ce sens sous la figure d'un joueur de cornemuse.

Dessin à la sanguine.

Cachet de collection.

Haut., 28 cent.; larg., 20 cent.

Cadre ancien en bois sculpté doré.

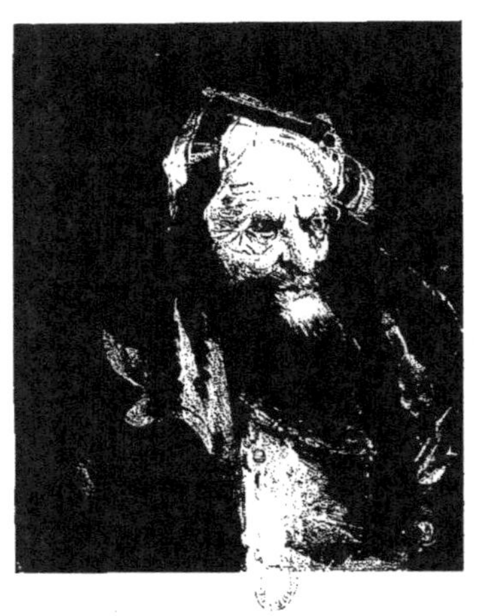

318

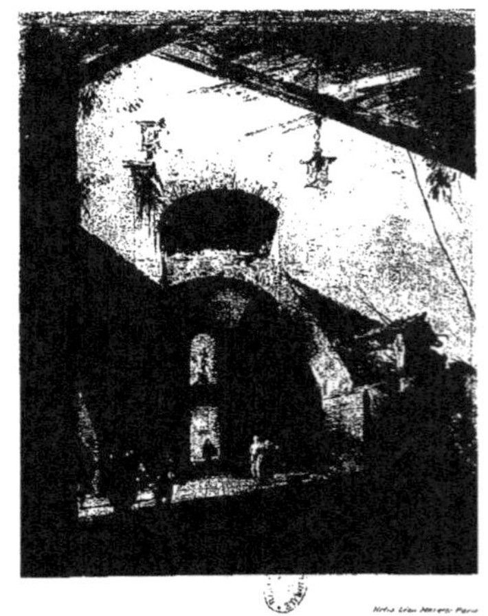

186

TERBURG
(GÉRARD)
Zwolle, 1608 † Deventer, 1681.

317 — *Fumeur assis riant.*

Assis, de trois quarts à droite, sur une chaise, tenant de la main gauche sa pipe.

Dessin au crayon noir légèrement rehaussé de blanc.

Haut., 24 cent. 1/2; larg., 16 cent.

Cadre ancien en bois sculpté doré.

TIEPOLO
(GIOVANNI-BATTISTA)
Venise, 1692 † 1769.

318 — *Portrait du roi Salomon.*

Étude pour la figure du Roi, dans la fresque du palais Labbia. Réception de la reine de Saba, par le roi Salomon.

Gouache.

Haut., 16 cent.; larg., 12 cent. 1/2.

Cadre ancien en bois sculpté doré.

TIEPOLO
(Attribué à GIOVANNI-BATTISTA)

319 — *La Crucifixion de saint André.*

Le saint est étendu sur l'instrument de son supplice; un bourreau attache son bras droit; au premier plan, une femme, assise à terre, tenant sur elle un enfant.

Dessin à la plume, lavé de sépia, avec quelques rehauts de blanc.

Haut., 46 cent.; larg., 34 cent.

Cadre ancien en bois sculpté doré.

TRINQUESSE
(LOUIS)
Ecole française, xviiiᵉ siècle.

320 — *Jeune Femme assise.*

De profil à droite, coiffée d'un grand chapeau à plumes.
Dessin au crayon noir et rehauts de blanc.

Haut., 32 cent. 1/2 ; larg., 23 cent.

Cadre ancien en bois sculpté doré.

UDEN
(LUCAS VAN)
Anvers, 1595 † Amsterdam, 1672.

321 — *Paysage.*

Sur la droite, un convoi gravit le flanc d'une colline ; à
gauche, en bas, un port animé ; dans le fond, un moulin.
Aquarelle.

Haut., 29 cent. 1/2 ; larg., 45 cent. 1/2.

Cadre ancien en bois sculpté doré.

VELDE
(ADRIAAN VAN DE)
Amsterdam, 1639 † Amsterdam, 1672.

322 — *Paysage animé.*

Au centre de la composition, près d'un arbre renversé, un
pâtre, assis à terre, tend les bras à un enfant que porte une
femme. Des animaux : vaches, chèvres et moutons sont
disséminés, çà et là. A droite, un monticule boisé.
Dessin au lavis d'encre de Chine.
Signé et daté en bas, vers le centre : *1662.*

Haut., 17 cent. ; larg., 25 cent. 1/2.

Cadre ancien en bois sculpté doré.

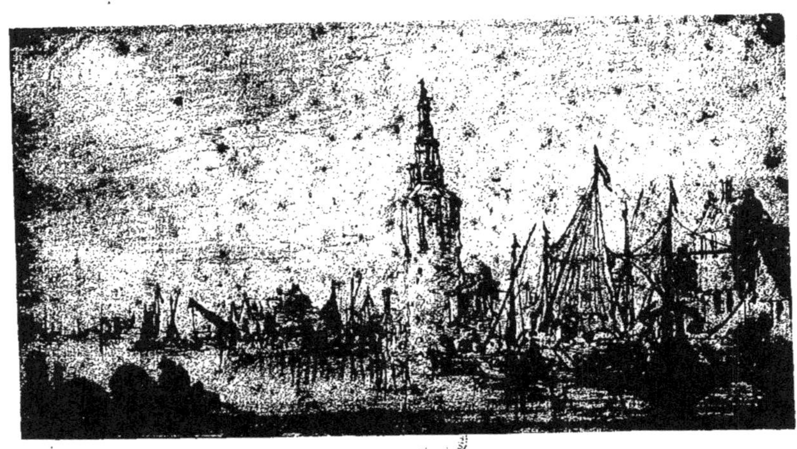

182

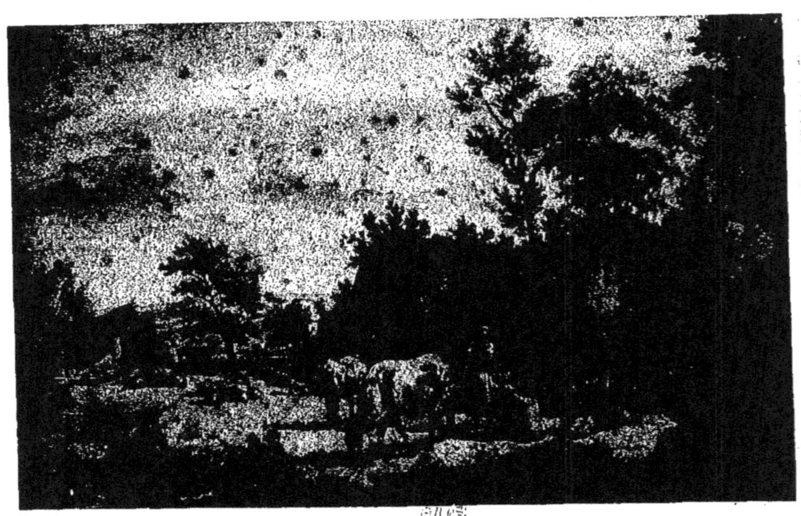

322

VELDE
(ADRIAAN VAN DE)

323 — *Les Deux Bergers.*

L'un est assis au pied d'un arbre, l'autre est debout, tourné
vers le premier; autour d'eux, leurs moutons. Fond de plaine.
Dessin à la plume lavé d'aquarelle.
Signé en bas, à gauche.

Haut., 19 cent.; larg., 25 cent. 1/2.

Cadre ancien en bois sculpté doré.

VELDE
(ADRIAAN VAN DE)

324 — *La Charrette dételée.*

Elle est renversée en arrière, le cheval est devant elle,
encore revêtu de son harnais.
Dessin au lavis d'encre de Chine.

Haut., 20 cent.; larg., 15 cent. 1/2.

Cadre ancien en bois sculpté doré.

2e Vente M. D. Kaïeman, 27 avril 1859.
Vente Michelin (21-23 avril 1898), no 310.

VELDE
(ADRIAAN VAN DE)

325 — *La Fontaine.*

Au premier plan, une fontaine à large vasque, où viennent
s'abreuver les animaux; plus loin, un monticule, à soubassement
d'arcades en ruines, sur lequel on voit un petit temple antique.
Dessin au crayon et lavis.
Signé et daté à gauche : *1670.*

Haut., 19 cent.; larg., 29 cent. 1/2.

Cadre ancien en bois sculpté doré.

Collection Schneider.

VELDE
(WILHELM VAN DE)
Leyde, 1610 † Londres, 1693.

326 — *Marines.*

Deux dessins présentant, chacun, des navires au port, par temps calme ; animés de personnages.

L'un des deux est signé en bas, à gauche, des initiales : *W. V. V.*

Haut., 13 cent. 1/2 ; larg., 17 cent. 1/2.

Cadre ancien en bois sculpté doré.

Collection de Beurnonville.

VELDE
(WILHELM VAN DE)

327 — *Marine.*

De nombreux bâtiments sont à l'ancre, des barques vont vers la terre. Au premier plan, des pêcheurs, chargés de filets, se dirigent vers une barque encore sur le rivage.

Dessin au crayon et lavis d'encre de Chine.

Signé à gauche.

Haut., 18 cent. 1/2 ; larg., 19 cent. 1/2.

Cadre ancien en bois sculpté doré.

Collection J. Gigoux.
Collection de Beurnonville.

VELDE
(WILHELM VAN DE)

328 — *Marine.*

Au premier plan, vers la gauche, un navire de haut bord, toutes voiles dehors, et tout pavoisé, s'avance. Vers la droite, un autre bâtiment s'éloigne.

Dessin relevé de sépia et d'aquarelle.

Haut., 38 cent. ; larg., 25 cent. 1/2.

Cadre ancien en bois sculpté et doré.

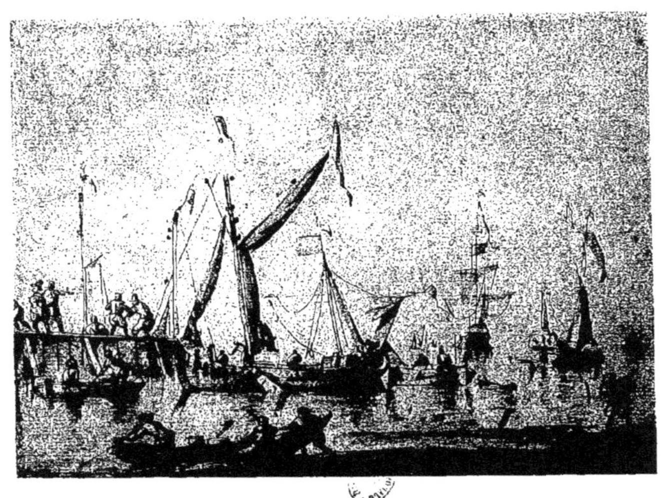

326

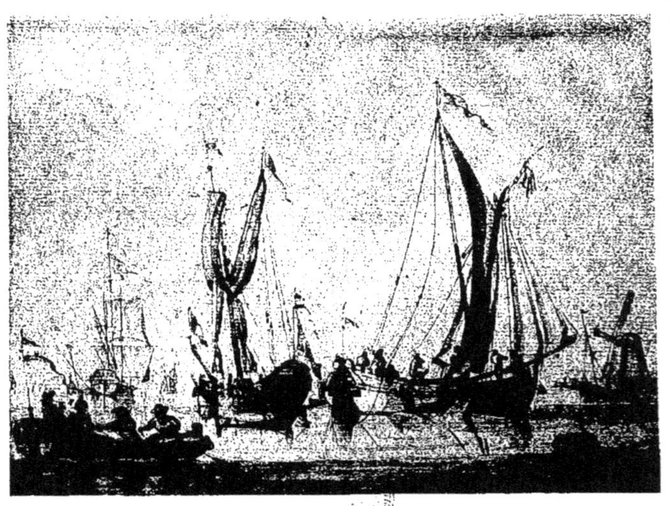

326

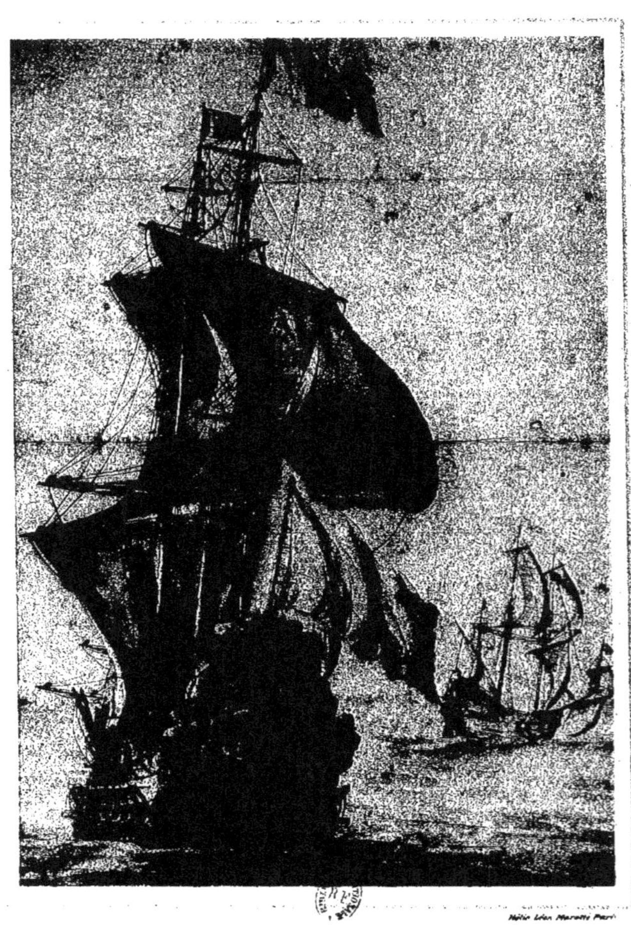

Héliog. Léon Marotte, Paris

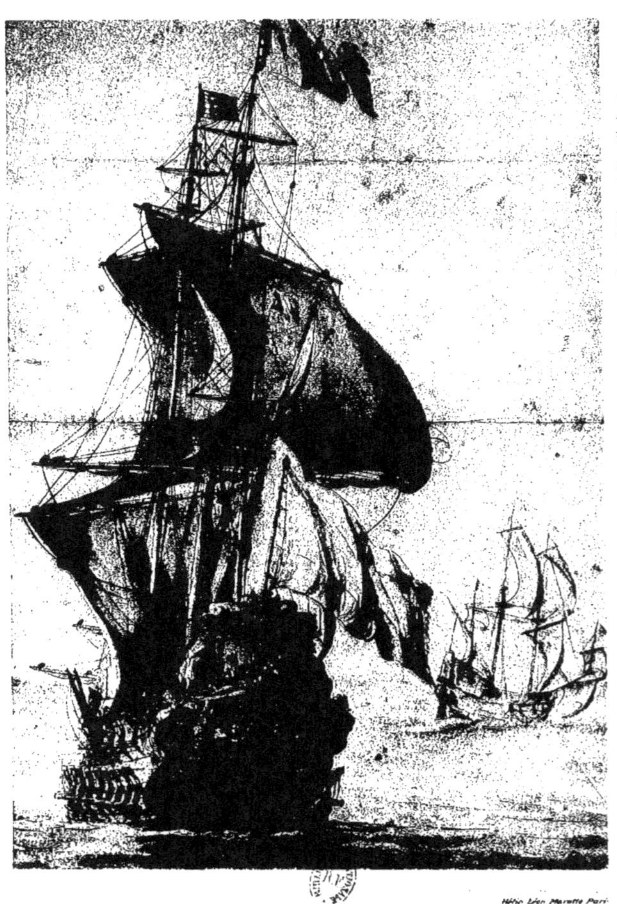

Hélio Léon Marotte Paris

VELDE
(WILHELM VAN DE)

329 — *Marine.*

A gauche, une estacade, sur laquelle des marins fument, regardant les bateaux; à droite, une petite barque s'avance. Au fond, une côte se devine.

Dessin à la pierre noire et lavis d'encre de Chine.

Haut., 16 cent. 1/2; larg., 26 cent.

Cadre ancien en bois sculpté doré.

VELDE
(WILHELM VAN DE)

330 — *Combat naval.*

A droite, un grand vaisseau, voiles et pavillons dehors; à gauche, d'autres navires désemparés.

Dessin au lavis d'encre de Chine.

Signé en bas, à gauche.

Haut., 13 cent. 1/2; larg., 19 cent. 1/2.

Cadre ancien en bois sculpté doré.

VERDUSSEN
(JAN-PIETER)
Anvers, 1700 † Avignon, 1763.

331 — *Le Départ des voyageurs.*

Devant l'auberge, ils sont occupés à charger leurs mules. Un cavalier, précédant un chariot, prend déjà la route.

Dessin à la plume et lavis d'encre de Chine.

Signé en bas, à gauche.

Haut., 14 cent. 1/2; larg., 21 cent. 1/2.

Cadre doré.

VERKOLIE
(JAN)
Amsterdam, 1650 † Delft, 1693.

332 — *Le Goûter dans le parc.*

Autour d'une table ronde, trois couples sont assis. Un jeune
serviteur est à droite, debout, près d'une jeune femme se
défendant des entreprises de son galant. Fond de palais.

Dessin à la plume, lavis de sépia et rehauts de gouache.

Haut., 32 cent.; larg., 38 cent. 1/2.

Cadre en bois ajouré et sculpté.

Collection Carré.

VERNET
(JOSEPH)
Avignon, 1714 † Paris, 1789.

333 — *La Tempête.*

Une barque à voile est en péril ; à droite, deux marins, sur
des rochers, essaient de lui porter secours.

Dessin au crayon, rehaussé de blanc, sur papier gris.

Haut , 21 cent 1/2; larg., 32 cent. 1/2.

Cadre doré.

VERNET
(Attribué à JOSEPH)

334 — *Paysage maritime.*

Dans un petit port naturel que forment deux promontoires,
et au bord de l'eau, se voient, au premier plan, à gauche,
une barque montée par deux marins, et, à droite, un groupe
de deux personnages scrutant l'horizon avec une longue-vue.

Dessin au crayon, à la plume et lavis d'encre de Chine.

Haut., 21 cent. 1/2; larg., 35 cent.

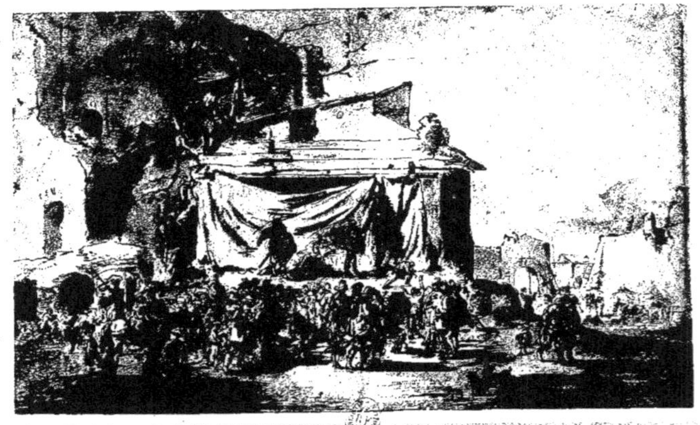

335

VERSCHURING
(HENDRICK)
Gorcum, 1627 † Dordrecht, 1690.

335 — *La Parade.*

Des saltimbanques ont dressé, en plein vent, leur tente adossée à une maison, sur la place d'un village; un public nombreux écoute les artistes en scène.

Dessin à la plume et lavis d'encre de Chine.

Haut., 24 cent. 1/2 ; larg., 40 cent.

Cadre ancien en bois sculpté doré.

VERSCHURING
(HENDRICK)

336 — *Le Maréchal-ferrant.*

Pendant qu'un aide tient le pied du cheval, il fixe le fer. D'autres chevaux, tenus en main, attendent leur tour.

Dessin au lavis d'encre de Chine.

Au milieu, en bas, le nom de l'artiste.

Haut., 16 cent.; larg., 27 cent. 1'2.

Cadre ancien en bois sculpté doré.

VERSCHURING
(HENDRICK)

337 — *Départ pour la chasse.*

Deux hommes à cheval, deux à pied, armés de fusils, deux valets de chiens et une meute.

Dessin au lavis d'encre de Chine.

Haut., 24 cent.; larg., 40 cent.

Autre dessin au verso.

Cadre doré.

VINKELES
(P.-V.-R.)
École hollandaise, xviii* siècle.

338 — *Place dans une ville de Hollande.*

De face, se présentent une série de maisons à pignons
dentelés; l'une d'elles est percée de larges baies donnant accès
à une église dont le clocher domine la composition; en retour,
un bâtiment que garde une sentinelle.

Dessin à la plume et lavis d'encre de Chine.

Signé en bas, à droite, des initiales : *P. V.*

Haut., 21 cent.; larg., 35 cent.

Cadre ancien en bois sculpté doré.

VINKELES
(P.-V.-R.)

339 — *Place de ville, en Hollande.*

Au centre, un édifice circulaire sur colonnes, des maisons,
à pignon découpé, entourent la place plantée d'arbres et
animée de promeneurs.

Dessin à la plume rehaussé d'aquarelle et de gouache.

Haut., 15 cent.; larg., 25 cent. 1/2.

Cadre ancien en bois sculpté doré.

VISSCHER
(CORNELIS DE)
Amsterdam, 1620 † 1670.

340 — *Portrait présumé de la mère de l'artiste.*

Vue en buste, de trois quarts à gauche, coiffée d'un bonnet,
elle porte un fichu sur ses épaules.

Dessin à la mine de plomb sur vélin.

Signé en haut, à droite.

Haut., 17 cent.; larg., 12 cent.

Cadre ancien en ébène et écaille.

Vente Defer-Dumesnil (10-12 mai 1900), n° 113.
Collection Revil.

VISSCHER
(CORNELIS DE)

341 — *Tête de vieille femme.*

En buste, de trois quarts à droite, la tête enserrée dans un bonnet, et une collerette autour du col.

Dessin au crayon noir, de forme ovale.

Haut., 18 cent.; larg., 14 cent. 1/2.

Cadre ancien en ébène et écaille.

Gravé par Vangelisty.
Collection Jean Gigoux.

WAËL
(CORNELIS DE)
Anvers, xvi⁰ et xvii⁰ siècles.

342 — *Les Porteurs de lait.*

Ils se dirigent vers la droite, les uns chargés sur la tête ou l'épaule. Deux d'entre eux portent un seau, à l'aide d'un bâton, et ouvrent la marche.

Dessin à la plume.

Haut., 15 cent.; larg., 29 cent.

Cadre ancien en bois sculpté doré.

Vente Defer-Dumesnil (10-12 mai 1900), n° 114.

WALDORP
École hollandaise, xvii⁰ et xviii⁰ siècles.

343 — *Portrait d'homme.*

De face, vêtu d'un costume à broderies, une large fraise autour du col.

Dessin au crayon noir sur vélin.

Signé et daté en haut, à droite : *1706.*

Haut., 21 cent. 1/2; larg., 15 cent. 1/2.

Cadre ancien en bois sculpté doré.

WATERLOO
(ANTHONIE)
Lille, 1609 † Utrecht, 1670.

344 — *Le Château dans les arbres.*

On devine sa silhouette, à gauche, derrière un rideau d'arbres. A droite, dans un chemin creux, trois personnages et un bébé sont assis.

Dessin à la plume.

Haut., 29 cent.; larg., 23 cent.

Cadre ancien en bois sculpté doré.

WATTEAU
(ANTOINE)
Valenciennes, 1684 † Nogent, 1721.

345 — *Le Ménage mal assorti.*

Dessin à la sanguine.

Haut., 21 cent.; larg., 16 cent.

Cadre ancien en bois sculpté doré.

A été gravé.

WATTEAU
(ANTOINE)

346 — *Arabesque.*

Un couple est assis dans un paysage : lui jouant de la guitare, elle l'écoutant. Entourage mouvementé de fleurons et feuillage.

Dessin à la sanguine.

Haut., 18 cent. 1/1; larg., 29 cent. 1/2.

Cadre ancien en bois sculpté doré.

345

WATTEAU
(Attribué à ANTOINE)

347 — *Enfant versant à boire.*

Vu à mi-corps, presque de face, ses mains sont disposées de telle façon qu'il paraît verser à boire.

Dessin au crayon noir et à la sanguine.

Haut., 22 cent. ; larg., 17 cent.

Cadre doré.

Sujet gravé par F. Boucher dans l'*Œuvre de Watteau*, pl. 53.

WEIROTTER
(FRANÇOIS)
Innsbrück, 1730 † Vienne, 1771.

348 — *Vue de la Seine, près Meulan.*

A gauche, deux barques sur la rivière; à droite, un groupe de chaumières.

Dessin à la sanguine.

Haut., 19 cent. 1/2; larg., 28 cent.

Cadre doré.

WEIROTTER
(FRANÇOIS)

349 — *La Chaumière.*

Elle borde un chemin, sur lequel un chien est couché.

Dessin à la plume et lavis de sépia.

Haut., 20 cent. 1/2; larg., 26 cent. 1/2

Cadre doré.

Collection Calendo (11-12 décembre 1899), n° 223.

WILLE le Fils
(P.-A.)

Paris, 1748 † Paris 1821.

350 — *La Cuisinière.*

Debout, à droite, près d'une table sur laquelle est un plat.
Dessin à la sanguine.
Signé et daté, au centre : *1777.*

Haut., 42 cent.; larg., 36 cent.

Cadre ancien en bois sculpté doré.

WILLE le Fils
(P.-A.)

351 — *Portrait de jeune femme.*

En buste, plus que de trois quarts à droite.
Dessin au crayon.
Signé et daté, à droite : *1777.*

Haut., 23 cent.; larg., 18 cent.

WITT
(Attribué à JACQUES DE)

Amsterdam, 1695 † Amsterdam, 1754.

352 — *Projet de plafond.*

Composition mythologique.
Dessin de forme ovale, à la plume et lavis d'aquarelle.

Haut., 24 cent. 1/2; larg., 31 cent.

Cadre ancien en bois sculpté doré.

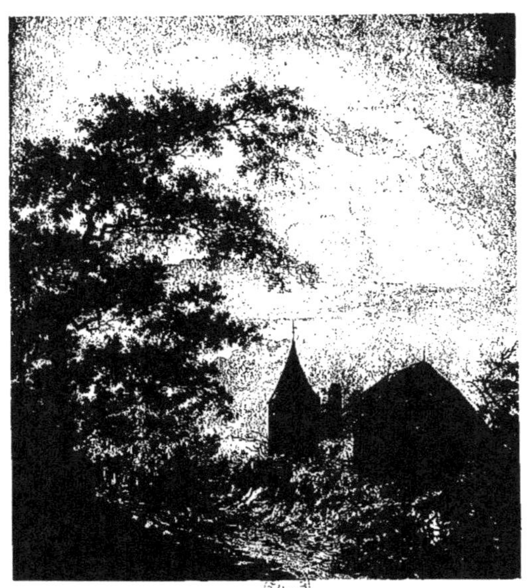

354

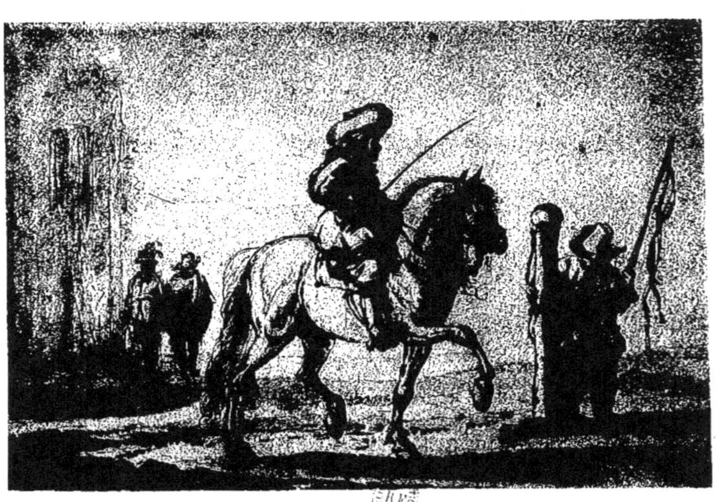

353

WOUWERMANS
(PHILIPPE)
Haarlem, 1620 † 1668.

353 — *Le Sauteur.*

Un cavalier, monté sur un superbe cheval, arrive près d'un
poteau, derrière lequel est un garçon armé d'un fouet. A
l'arrière-plan, deux autres personnages.

Dessin à la plume et lavis d'encre de Chine.

Haut., 14 cent. 1/2 ; larg., 20 cent. 1/2.

Cadre ancien en bois sculpté doré.

WYNANTS
(JAN)
Haarlem, 1615 † Amsterdam, 1684.

354 — *Le Chemin creux au cavalier.*

Il est vu de dos et chemine, accompagné de son chien, vers
la gauche ; à sa droite, une habitation ; à sa gauche, la lisière
d'une forêt.

Aquarelle rehaussée de gouache.

Signée en bas, à droite.

Haut., 23 cent. ; larg., 19 cent.

Cadre ancien en bois sculpté doré.

WYNANTS
(JAN)

355 — *Le Gué.*

A gauche d'un monticule sablonneux coule un cours d'eau,
que traverse, à gué, un paysan précédé de son âne.

Dessin au lavis d'encre de Chine.

Haut., 16 cent. ; larg., 19 cent

Cadre ancien en bois sculpté doré.

ZAMPIERI
(DOMENICO, dit LE DOMINIQUIN)
Bologne, 1581 † Naples, 1641.

356 — *Le Buisson ardent.*

A Moïse agenouillé, ayant auprès de lui un chien, le Père Éternel apparaît sur une nuée, soutenu par des anges.
Dessin au lavis de bistre, rehaussé de blanc.

Haut., 37 cent.; larg., 26 cent. 1/2.

Cadre ancien en bois sculpté doré.

Collection Busche.
Vente Defer-Dumesnil (10-12 mai 1900), n° 256.

ZAMPIERI
(DOMENICO, dit LE DOMINIQUIN)

357 — *L'Assomption de la Vierge.*

Elle monte au ciel, soutenue par une théorie d'anges et de chérubins.
Dessin à la plume lavé de sépia.

Haut., 30 cent. 1/2; larg., 23 cent.

Cadre ancien en bois sculpté doré.

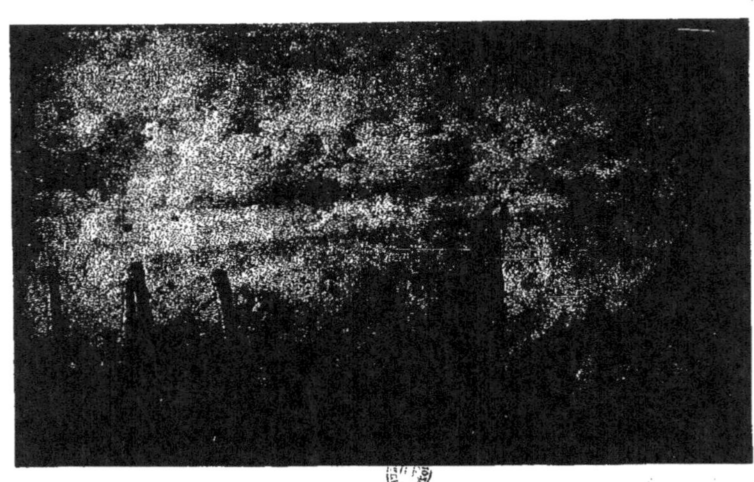

329

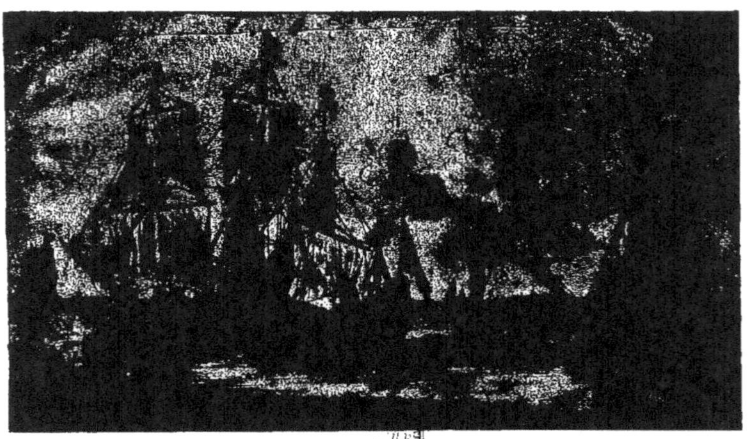

358

ZEEMAN
(RENIER)
École hollandaise, vers 1656.

358 — *Navire à l'entrée d'un port.*

Par temps calme, trois navires, voiles dehors, naviguent pour rentrer au port ; à gauche, une barque, chargée de marins, semble porter une amarre.

Dessin à la plume et lavis d'encre de Chine.

En bas, vers la gauche, une signature.

Haut., 16 cent.; larg., 27 cent.

Cadre en bois sculpté doré.

Vente Defer-Dumesnil (10-12 mai 1900), n° 118.

ZEEMAN
(RENIER)

359 — *Marine.*

A gauche, presque de face, un vaisseau, toutes voiles dehors. A droite, des personnages, dans une barque, près d'une bouée.

Dessin à la plume et lavis d'encre de Chine.

Haut., 27 cent.; larg., 18 cent. 1/2.

Cadre ancien en bois sculpté doré.

9 782019 315788